Corée du Nord

Voyage en dynastie totalitaire

Du même auteur

Amérique centrale : enjeux politiques, Complexe, 1989.
L'humanitaire impossible ou deux siècles d'ambiguïtés, Armand Colin, 1993.
Rwanda : essai sur le génocide, Complexe, 1994.
Rwanda and Genocide in the XXth Century, New York University Press, 1995.
Qui a tué nos paras ?, Luc Pire, 1996.
Justice internationale : de Nuremberg à La Haye et Arusha, Bruylant, 1997.
Kosovo : comprendre pour agir, Luc Pire, 1999.
La folie du net. Mieux vaut en être, Luc Pire, 2000.

Alain Destexhe
Sénat
1009 Bruxelles
destexhe@senators.senate.be
www.alain-destexhe.com

Alain DESTEXHE

Corée du Nord

Voyage en dynastie totalitaire

L'Harmattan
5-7, rue de l'École-Polytechnique
75005 Paris
France

L'Harmattan Hongrie
Hargita u. 3
1026 Budapest
HONGRIE

L'Harmattan Italia
Via Bava, 37
10214 Torino
ITALIE

ISBN : 2-7475-1323-8

A François Jean

Remerciements

Mes chaleureux remerciements à Corinne Bailleux et à Florence Delmarcelle qui ont assuré la relecture du manuscrit.

Introduction

Au printemps 2000, à l'invitation de la République populaire démocratique de Corée, une délégation de parlementaires belges s'est rendue dans le pays. Dans le cadre d'une politique visant à rompre l'isolement international de la Corée du Nord, l'objectif de Pyongyang était d'établir des relations diplomatiques, inexistantes depuis la guerre de Corée, avec la Belgique, puis avec les autres pays de l'Union européenne. A cette fin, la Corée du Nord avait utilisé les services d'un vieil ami, admirateur du régime, un ex-cacique du parti socialiste francophone de Belgique en fin de carrière politique. Celui-ci avait contacté les différents partis politiques du royaume et, dans un contexte de reprise de contacts entre les deux Corée, la plupart avait délégué un représentant.

Ce livre est le récit de ce voyage ubuesque. A l'exception de l'initiateur de la démarche, les autres parlementaires connaissaient à l'avance les limites de l'exercice de ce voyage encadré et strictement balisé. Il leur semblait cependant qu'il fallait utiliser cette opportunité d'essayer de tester ce régime unique au monde, notamment par des questions directes sur les droits de l'homme et la famine. C'est la première fois qu'une délégation de représentants politiques occidentaux se rendant en Corée n'était pas composée de sympathisants. Grâce aux parlementaires, et aussi pour la première fois, une caméra de télévision a pu filmer des scènes totalement inédites sur la vie en Corée du Nord.

Sur place aucune de nos requêtes n'a finalement abouti : nous n'avons pu ni visiter les zones de famines, ni circuler librement, ni parler directement avec la population. Mais nous avons été les témoins directs et privilégiés – le lecteur en jugera – du culte de la personnalité, du caractère sectaire, guerrier, monarchique et divin du régime, de la détresse humaine, des impasses de l'aide internationale et de la déshumanisation totale des esprits. Disons le d'emblée, cette expérience m'a profondément marqué, plus que les nombreuses missions humanitaires ou politiques accomplies auparavant et ceci explique la genèse de ce livre. Je croyais savoir ce qu'était le communisme, pour l'avoir étudié et pour avoir visité nombre de pays qui s'en réclamaient, mais je n'imaginais pas l'ampleur du cauchemar nord-coréen.

Témoigner, ce livre n'a d'autre but. Témoigner du dernier totalitarisme de la planète, témoigner sur cette folie et cette aberration anachronique que ni Orwell, ni Jarry, ni Kafka n'avait pu imaginer. En Corée du Nord, la réalité dépasse toujours la fiction. Ni Staline, ni Mao n'avait réussi à instaurer une dynastie totalitaire. En Corée du Nord, Kim Jong Il, « le cher dirigeant », perpétue l'œuvre criminelle, absurde et mégalomane de son père Kim Il Sung, le « grand leader ». Famine, misère, endoctrinement et robotisation des esprits dès le plus jeune âge, culte délirant de la personnalité, population sur pied de guerre depuis cinquante ans : en douze années de missions avec Médecins Sans Frontières, je n'avais jamais vu un tel mélange de détresse et d'absurdité. La Corée du Nord est une prison de vingt-quatre millions de détenus.

Selon la mythologie officielle, Kim Jong Il, la réincarnation de Kim Il Sung, le soleil de la Corée et du XXe siècle, est en train d'éterniser les exploits de son père. Et le peuple coréen, uni comme un seul homme autour du cher camarade Kim Jong Il, serait résolument engagé dans l'édification d'une puissance prospère autour du mot d'ordre : vivre un aujourd'hui pour demain, mais ne pas vivre un aujourd'hui pour aujourd'hui !

Ce livre est émaillé de nombreuses citations de nos hôtes. J'ai choisi de conserver telle quelle la structure des phrases et la langue de bois de nos excellents traducteurs officiels. Afin de faciliter la lecture et plutôt que de suivre un ordre chronologique, j'ai découpé le texte par thèmes (les enfants, une ferme, l'aide internationale,...). Par ailleurs, cet ouvrage n'est pas une analyse de la situation coréenne mais le récit le plus minutieux possible d'un voyage hallucinant. Depuis notre séjour, rien n'a changé, si ce n'est en pire, et le processus de réconciliation intercoréenne, entamé en juin 2000 quelques semaines après notre voyage lors du sommet entre les deux chefs d'Etat, est en panne.

Faut-il nouer des relations diplomatiques ou autres avec Pyongyang ? Comment traiter avec le dernier régime totalitaire de la planète ? Comment essayer d'aider la population ? Comment en finir avec une telle aliénation ? Ni la Corée du Sud, ni la Chine, ni les Etats-Unis ne souhaitent la chute de la Corée du Nord. Le précédent et la facture de la réunification de l'Allemagne effraient la Corée du Sud. La Chine ne veut ni d'un afflux de réfugiés, ni d'une frontière avec une Corée réunifiée alliée des Etats-Unis qui, eux, craignent une déstabilisation de la péninsule. Le chantage nucléaire de Pyongyang a payé. Les Etats-Unis, pour l'essentiel, fournissent à travers le Programme alimentaire mondial (PAM) une assistance considérable qui est aussi une aide à la stabilité du régime. Grâce à elle, au moins l'armée et les cadres du régime ne meurent pas de faim. Médecins Sans Frontières, Oxfam, l'Action internationale contre la faim et d'autres ONG ont cependant considéré, non sans raisons, qu'il n'était pas possible d'entreprendre une action humanitaire digne de ce nom en Corée du Nord.

Dès lors que les vieux impératifs de la *realpolitik*, toujours d'actualité dans la péninsule, interdisent de déstabiliser le régime de Pyongyang, le choix est entre l'isolement et l'établissement de contacts directs. Selon ses partisans, la première option permettrait la chute plus rapide d'un régime à bout de souffle. C'est peut-être sous-estimer la nature et la capacité de résistance de ce système hermétique. Ni la famine d'Ukraine dans les années trente, ni le *grand bond en avant* entre 1958 et 1962 n'a déstabilisé Staline ou Mao. Et à l'heure de la mondialisation, le régime est totalement fermé. Les Nord-Coréens n'ont aucun accès vers l'extérieur – ni radio, ni télévision, ni journaux, ni Internet – et aucune idée du monde qui entoure leur prison psychiatrique.

Les adeptes de la seconde stratégie pensent qu'il faut à la fois dénoncer le régime et multiplier les contacts avec la Corée du Nord. Dénoncer en permanence car plus on parlera de ce pays, plus l'opinion internationale sera sensibilisée à cet anachronisme criminel. Etablir des contacts, car c'est le seul moyen à terme – et sans illusion – de semer les germes de la démocratie dans une population robotisée et – pourquoi pas ? – le trouble chez certains dignitaires du régime. C'est Gorbatchev qui a mis en place la perestroïka qui a mené à la fin de l'URSS. On me rétorquera que, précisément, ce scénario est le cauchemar des dirigeants nord-coréens et que l'histoire fourmille d'exemples de régimes autoritaires qui ont survécu – voire ont été renforcés – grâce à l'aide internationale. En 1921, Lénine et le pouvoir des Soviets ont sans doute été sauvés par Hoover et le soutien alimentaire des Américains. En 1985, lors de la grande famine d'Ethiopie, le régime du dictateur Mengistu a connu un répit de quelques années grâce à l'émotion et à l'action humanitaire internationales. Et même le nazisme a pu se développer à l'abri d'une sorte de « respectabilité internationale » que lui conféraient les démocraties. De ce point de vue, Munich doit rester présent et une référence dans les esprits. Une sorte de

« Munich » n'est pas à exclure dans la péninsule coréenne, tant la Corée du Sud, voire les Etats-Unis, nous incitent à « normaliser » nos relations avec Pyongyang.

L'alternative – l'isolement – peut sembler pire, le risque étant de perpétuer cette abomination indéfiniment. Renouer avec Pyongyang ne veut pas dire aider aveuglément et ainsi cautionner une politique inhumaine. Le vœu de Kim Jong Il est, bien sûr, de permettre à son régime de sortir de l'isolement diplomatique et de la catastrophe économique. Mais c'est aux « internationaux » sur place (diplomates, organisations internationales et ONG) d'être assez clairvoyants pour faire, dans la mesure du possible, la différence entre aide au régime et aide à la population. Et à poser des conditions strictes à tout programme humanitaire afin qu'il bénéficie à la population sans – trop – renforcer ses dirigeants, au risque de ne rien faire du tout. Enfin, en utilisant la perspective des jeux olympiques de 2008 que Pékin souhaite réussir, il faut au moins convaincre la Chine d'accueillir les réfugiés coréens car la traversée de la frontière du nord est aujourd'hui le seul espoir concret d'une population atrocement décimée.

Le Grand monument de Mansudae.

Premières impressions

Pour aller en Corée du Nord, il faut passer par Pékin ou par Moscou. Les lignes aériennes nord-coréennes n'ont que quelques escales en dehors de Pyongyang. Séoul, la capitale de la Corée du Sud n'est pourtant distante que de deux cents kilomètres environ mais, depuis 1950, il n'existe aucune liaison aérienne, ferroviaire ou routière entre les deux Corée.

A Pékin, le premier contact avec la Corée du Nord se fait à travers l'hôtesse qui nous accueille à l'entrée du vieil avion soviétique. Elle est souriante et habillée d'un tailleur bleu très classique. Comme tous les Coréens que nous rencontrerons par la suite, elle porte le badge de Kim Il Sung. Je lui demande naïvement : « Qui figure sur ce pin's ? » Surprise par ma question, elle me répond : « Mais c'est Kim Il Sung, mon père. – Votre père ? – Oui, mon père, enfin je veux dire, c'est notre grand leader Kim Il Sung, le père de tous les Coréens. »

La seconde surprise, c'est le magazine distribué dans l'avion. La couverture montre cinq généraux couverts de médailles en train de déposer des fleurs en hommage au grand leader. Alors que nous sommes en l'an 2000, la date de parution est *juché* 89. Kim Il Sung a inventé une nouvelle ère, basée sur sa propre biographie et appliquée par la seule Corée du Nord. Le *juché*, qui est exclusivement basé sur les pensées du grand leader, est l'idéologie officielle du pays. Toutes les trente-quatre pages de la revue sont consacrées au génial dirigeant et à ses réalisations. Les légendes des photos et les titres parlent d'eux-mêmes : « Le président Kim Il Sung avec des enfants en *juché* 81 (1992) », « Loyauté et dévotion filiale », « Une réunion nationale pour célébrer le 58e anniversaire du président Kim Jong Il », « Armée et peuple ne font qu'un », « Des travailleurs sont pleins de joie et d'admiration d'accueillir le grand leader dans leur usine », « Les travailleurs ont dépassé leur plan de production ». Les deux dernières pages sont consacrées à Myong Kum Sun, « championne du lancer de grenades, qui a établi un nouveau record mondial lors des seconds jeux militaires mondiaux : 53,50 mètres » ! Abondamment illustré, le magazine est réalisé en papier glacé et présente une Corée mythique, idyllique et prospère, poursuivant la « victoire de la cause socialiste ».

Lorsque l'on survole la Corée du Nord, ce qui frappe d'emblée, c'est le spectacle d'une grave sécheresse et d'une déforestation quasi totale. Ensuite, en raison du rassemblement des villages, on n'aperçoit aucune maison isolée, aucun hameau perdu : tout est regroupé. Enfin, les routes semblent totalement vides de circulation.

Après l'accueil traditionnel – télévision locale, café, photos de la délégation – on nous met dans des vieilles Mercedes 200 rouge. L'aéroport est distant d'une vingtaine de kilomètres de la ville mais sur cette distance, nous ne croisons qu'une seule voiture jusqu'à l'entrée de Pyongyang proprement dite. Sur la route, on voit de très nombreux militaires et policiers. Le pays a l'air entièrement militarisé : une personne sur trois environ porte un uniforme. Et puis beaucoup de gens qui marchent. Certains ont l'air très pauvres, vêtus de haillons. Par contraste, les immeubles ont l'air plutôt corrects. L'impression est bizarre : un mélange d'urbanisation et d'agriculture. On voit des buildings, des édifices, aucune maison traditionnelle mais les champs semblent entourer ces immeubles comme si les agriculteurs français ou belges vivaient dans des HLM construits au milieu des champs. On cultive un peu partout, même sur des espaces qui ne s'y prêtent guère.

Au premier abord, Pyongyang est une capitale plutôt jolie. La ville a un aspect monumental, égayé par des arbres et de très nombreux parterres de fleurs bien entretenus. De beaux monuments bordent les avenues, mais ils sont délirants et surréalistes, dans la lignée du réalisme socialisme des pays de l'ex-bloc communiste.

En ville, la circulation est presque inexistante et il n'y a guère plus de passants. En revanche, on voit beaucoup d'affiches de propagande. La photo du grand leader est partout. On la croise des dizaines de fois sur les quelques kilomètres qui nous séparent de notre première étape. On ne voit aucun magasin ouvert. Pas de bar, pas de café, pas de restaurant, pas de terrasse. On croise un parc d'attractions vide, un peu comme à Cuba ou à Moscou. On voit déjà le décalage entre les affiches de propagande qui présentent un pays souriant allant de l'avant et ce parc d'attractions qui semble dater des années soixante et qui n'attire aucun passant.

Le Grand monument de Mansudae

La première visite de la délégation est consacrée au « Grand monument de Mansudae » qui surplombe la ville. Selon le guide officiel de Pyongyang, « le peuple coréen a érigé en avril 1972 un grand monument sur la colline Mansu, voulant traduire le voeu et le désir unanimes de transmettre éternellement à la postérité les impérissables exploits révolutionnaires du camarade Kim Il Sung, grand leader, et d'accomplir de génération en génération l'oeuvre révolutionnaire *juchéenne* entamée par lui ». Le monument se compose d'une statue en bronze, de monuments latéraux et d'une mosaïque murale. La statue « campe l'aspect sublime du grand leader qui, le regard au loin, la main gauche sur la hanche, indique de sa main droite tendue le chemin à suivre par le peuple. La disposition cohérente des ensembles sculpturaux ayant pour arrière-plan la mosaïque murale du mont Paektu, la position et la dimension du monument, bien adaptées à la condition topographique de la colline Mansu et à son environnement, confèrent une parfaite harmonie plastique au Grand monument de Mansudae ».

Tous les visiteurs invités en Corée du Nord sont censés se prosterner devant le grand leader. Sans prévenir leurs hôtes, sur le chemin entre l'aéroport et l'hôtel, les Nord-Coréens les emmènent sur l'esplanade du monument, leur collent un bouquet de fleurs dans la main et leur demandent de s'incliner et de déposer une gerbe en signe d'admiration et de soumission. En compagnie d'un autre membre de la délégation, malgré la colère de nos hôtes, nous restons délibérément assis dans la voiture pendant que nos collègues vont saluer le grand leader.

Nous sommes logés dans une résidence pour hôtes de marque en bordure de Pyongyang dans un isolement total. Aucun contact avec la population n'est possible. Dans les chambres, nous avons pour toute lecture des livres écrits, soit par Kim Jong Il ou Kim Il Sung, soit sur les théories du *juché*. Les livres sont en français ou en anglais. Dans un ouvrage paru en 1994 et intitulé *Le socialisme est une science*, on peut lire : « Pour la première fois de l'histoire les idées du *juché* ont établi que l'homme est un être qui jouit d'une existence socio-politique en même temps que d'une vie physique ».

A l'occasion du premier repas, nous sommes accueillis par le « chef de la section chargée des affaires européennes du département international du parti du travail de Corée ». Nos hôtes évoquent les problèmes antérieurs qu'ils ont rencontrés avec des journalistes qui « sont venus et n'ont pas rapporté la réalité de ce qu'ils ont vu ; nous espérons qu'avec vous il n'y aura pas la même manipulation ». On constate, dans la conversation, qu'ils ne parlent jamais de famine mais d'inondations et de catastrophes naturelles. Le terme « famine » n'est jamais utilisé. Il paraît qu'il existe un proverbe coréen qui dit : voir et croire. « Et bien vous avez entendu des choses sur la Corée du Nord avant de venir mais vous allez voir la réalité. » On célèbre l'amitié future entre la Belgique et la Corée du Nord ! Nos hôtes portent un toast au grand leader Kim Il Sung.

Après les discours officiels, l'interprète qui se trouve à ma gauche me lance un « à la tienne ». C'est la première parole qui me semble sonner juste depuis le début de la journée. La conversation retourne sur les journalistes. « Les journalistes ont souvent des objectifs malsains et agissent pour des forces qui nous sont hostiles. On accueille avec gentillesse ceux qui sont gentils avec nous mais avec le couteau ceux qui viennent avec les couteaux. Nous avons eu des reportages insultants sur la Corée du Nord. Quand il s'agit de la Corée, ils montrent des choses qui existent ailleurs mais en profitent pour dénigrer notre pays. » Immédiatement après le repas, il y a une panne d'électricité. Comme notre résidence, toute la ville est plongée dans le noir. Seuls les monuments à la gloire du grand leader demeurent illuminés. Le contraste est saisissant entre ces trois ou quatre monuments éclairés et le reste de la ville plongé dans une obscurité totale, un peu comme si la tour Eiffel scintillait dans un Paris plongé dans la nuit.

Nous demandons à faire une sortie nocturne. Après quelques palabres, nous obtenons la possibilité de nous rendre dans le principal hôtel de la ville qui accueille les étrangers. On en profite pour discuter. « Le problème de l'électricité est général et il ne cesse de s'aggraver. Cet hiver a été terrible. Il a fait jusque moins quinze degrés et il n'y avait pas de chauffage. Les canalisations sont vieilles et rouillées. On ne peut rien faire, seulement s'enrouler sous les couvertures. Et moi, j'habite au 17e étage, je dois toujours monter à pieds. Les ascenseurs ne fonctionnent jamais. »

Au bar de l'hôtel, nous rencontrons une Française qui travaille ici depuis cinq ans. Elle fabrique des vêtements pour des grandes sociétés comme C&A, Lafayette et autres. Elle dispose de sept usines dans le pays. Elle les gère mais n'en est pas vraiment la patronne. En fait, elle achète du « coût-minute » de tissu à un département du gouvernement. Les tissus, tout le monde le sait, viennent discrètement de Corée du Sud et sont emballés comme s'ils provenaient du Japon. Sinon, selon elle, « tout le business s'écroulerait ». D'autres produits viennent de Chine. Mais il n'y a pas non plus de passage officiel par la douane. Tout se fait dans une semi-clandestinité. A cause d'une conférence de presse de l'Action internationale contre la faim (AICF), elle a dû attendre son dernier visa pendant des mois. Elle aime le pays. Elle trouve que les gens n'ont strictement rien mais qu'ils donnent tout et elle voudrait que nous, parlementaires, fassions du lobbying pour augmenter les quotas de tissus de la RPDC (République populaire démocratique de Corée) auprès de l'Union européenne. Dans « ses » usines, il y a environ cinq heures de propagande par semaine. D'après elle, il s'agit d'une pratique généralisée : dans les maisons à travers des haut-parleurs et dans les quartiers à travers les comités de rue, dans toutes les structures, la propagande est omniprésente et la population est totalement endoctrinée. Personne n'a le droit de prendre un taxi après sept heures du soir et un chauffeur de taxi ne peut pas être vu seul avec un client. On a plusieurs fois menacé son chauffeur officiel de l'envoyer « six mois à la campagne, aux champs » s'il discutait trop avec cette étrangère. En ce qui concerne la pénurie d'énergie, l'explication officielle est que les mines de charbon ont été noyées lors des grandes inondations et que toutes les centrales fonctionnaient au charbon. Le gouvernement teste actuellement des « micro-centrales hydroélectriques » à la campagne.

Retour à la résidence. Entre ma chambre et celle de mon voisin, il y a dans le couloir une petite porte fermée à clef, sans doute un petit cagibi. Je me demande s'il ne s'agit pas d'une pièce pour écouter les conversations car toutes les autres portes sont sans clef.

Avant de nous coucher, nous regardons la télévision. On n'y voit que des scènes de guerre, sans arrêt. Les images donnent l'impression d'une nation assiégée. Tout est fait pour rappeler « la guerre de libération, l'anti-impérialisme, l'agression de la Corée du Sud, du Japon et des Etats-Unis ». Dans un dessin animé pour enfants, on voit des navires américains coulés par la glorieuse armée populaire et des soldats se sacrifient pour faire sauter un char américain. Même les opéras sont des « opéras staliniens » avec des militaires comme ténors et des patriotes assiégés dans les seconds rôles. La guerre est omniprésente qu'il s'agisse de dessins animés, d'opéras, de films ou d'actualités. Mais le régime est aussi censé représenter le bonheur, la pureté et la perfection. Les chants, les voix, les couleurs, les visages tournés vers le haut et vers l'avant, optimistes, souriants : tout cela incarne la pureté jusqu'aux robes traditionnelles des femmes, la *jogory*, avec des couleurs bleus et roses immaculées.

Le Monument aux idées du Juche.

Le grand leader

Les paragraphes suivants sont extraits du guide officiel de Pyongyang, le guide bleu local dans sa version française, que nous recevons et que je reproduis tels quels. Avec les charmes de la langue de bois, ils donnent une idée du culte de Kim Il Sung. « Le 19 juillet 1994, voyant par la télévision la scène des derniers adieux des Pyongyangeois au camarade Kim Il Sung, décédé subitement, tout le monde savait ce qui unit très étroitement ce dernier et le peuple coréen. Il en reçut un violent choc psychologique. Quels sont les véritables idéaux qu'a laissés le camarade Kim Il Sung pour l'histoire de la Corée moderne et pour les peuples amicaux et pacifiques? La Corée, qu'est-ce donc ? On doit commencer par comprendre l'histoire de la Corée, surtout la valeur humaine du camarade Kim Il Sung pour le peuple coréen, si l'on veut bien connaître la Corée, surtout Pyongyang. Le peuple coréen a coutume de tenir en haute estime le camarade Kim Il Sung comme chef de la grande famille que constitue la société, comme un proche parent, plutôt que comme un homme politique faisant fonction de chef de l'Etat. Pendant leur domination coloniale de la Corée (1905-1945), les impérialistes japonais ont cherché à supprimer totalement tout ce qui était national. Plus de six millions de jeunes et d'adultes ont été réquisitionnés pour des travaux exténuants et un million d'entre eux ont trouvé la mort, plus de 200 000 Coréennes ont été bafouées sans merci comme esclaves sexuelles pour leurs militaires. Ils ont tenté de supprimer la langue et l'écriture coréennes et même finalement les noms coréens que portait chaque personne. Il est bien compréhensible que le peuple qui a vécu cette histoire tragique appelle père affectueux le camarade Kim Il Sung, qui a défait l'impérialisme japonais et l'a libéré au bout de sa longue et dure lutte. S'il est l'objet d'une vénération sincère du peuple coréen, c'est également qu'il est le père et le maître authentique qui lui avait assuré effectivement tous les droits de l'homme souverain ainsi que le bien-être. »

« Les idées du *juché*, une nouvelle idéologie philosophique créée par lui, se propagent largement dans le monde, dont l'essence se résume à ceci: chacun est maître de son destin et dispose en soi de la force de le façonner. Elles reflètent la réalité historique de la Corée ainsi que la conjoncture et la tendance de l'époque, du XXe siècle, alors que les masses laborieuses de tous les pays ont commencé à prendre conscience de leur souveraineté. Il faut qu'on sache pourquoi le peuple coréen témoigne tant de gratitude au camarade Kim Il Sung en qualifiant d'oeuvre achevée de portée historique le fait qu'il lui a dû la libération des mentalités de la servilité envers les grandes puissances, laquelle a persisté depuis des centaines d'années. Il a fait en sorte que les masses laborieuses de Corée, devenues maîtresses du pouvoir et des moyens de production, jouissent de leurs droits et remplissent un rôle responsable. Il allait dans les usines et les campagnes, les écoles et les hôpitaux, et voyait même les travailleurs dans leurs logements. On ne trouve guère d'endroit où il n'a pas laissé les traces de ses pas. Lui, dirigeant du peuple qui considérait comme maîtres authentiques de la société les ouvriers, les paysans et les intellectuels, créateurs de toutes les richesses matérielles et culturelles de la société, a élaboré, reflétant leurs exigences, la politique du Parti et de l'Etat et la ligne de conduite qu'ils ont à suivre, il les a traités comme maîtres authentiques du pays, et cette façon d'agir lui a valu leur appui et leur respect absolus. »

« La réalité de la Corée est caractérisée par le fait que si le camarade Kim Il Sung a éprouvé une véritable joie et le bonheur en tant que dirigeant en se consacrant entièrement au bien-être des masses laborieuses, le peuple les a éprouvés en appliquant sans condition ses instructions. Ces relations particulières entre lui et le peuple, qui constituent un organisme social au sein duquel leurs destins se confondent ont engendré cette réalité unique au monde. Aujourd'hui, le peuple coréen considère son giron comme celui du père; il considère comme l'obligation morale la plus sublime de vénérer sincèrement le camarade Kim Il Sung qui l'a formé et dirigé. Voilà quelle est sa qualité. »

« Comme l'adage qui dit 'Quiconque aime le peuple restera à jamais gravé dans sa mémoire', il est de règle que la mémoire d'un grand dirigeant, qui a consacré toute sa vie à l'oeuvre pour le peuple, soit éternellement honorée par l'humanité progressiste. Un peu partout en Corée on peut voir de grands panneaux portant ces inscriptions: « Le camarade Kim Il Sung, grand Leader, sera toujours avec nous ! » Les peuples progressistes du monde partagent le même sentiment que le peuple coréen. Plus de 500 chefs d'Etat et de gouvernement et leaders de parti de 160 pays du monde ont témoigné leurs regrets les plus profonds au décès du camarade Kim Il Sung. Si Pyongyang est aimée et adorée de tous les Coréens comme le haut lieu de leur nation, ce n'est pas seulement parce que c'est la ville historique où se trouve le tombeau du roi Tangon, souche de la nation coréenne. Ce dernier a fondé le premier Etat coréen, mais le camarade Kim Il Sung, patriote sans égal dans l'histoire cinq fois millénaire de la Corée et dans le monde, est le fondateur de la Corée moderne, *juchéenne*, parce qu'il a restauré la nation coréenne, étouffée auparavant sur la carte de Terre, pour qu'elle connaisse une nouvelle prospérité en tant que souveraine. En ce sens, la nation coréenne contemporaine est appelée à juste titre nation de Kim Il Sung. »

Ce culte de la personnalité est poussé à l'extrême. Le grand leader Kim Il Sung et son fils le cher dirigeant Kim Jong Il ont chacun une fleur qui porte leur nom. Selon la légende officielle, le *kimilsunia*, est une nouvelle espèce d'orchidée mise au point par un botaniste indonésien. En 1965, lorsque le camarade Kim Il Sung était en visite en Indonésie, le président indonésien aurait proposé de baptiser cette fleur *kimilsunia*. Quant au *kimjongilia*, ce serait un hybride du bégonia mis au point par l'horticulteur japonais Kamo Mototeru. A l'occasion du 16 février 1988, jour anniversaire de notre cher camarade Kim Jong Il, il lui aurait fait cadeau de cette nouvelle fleur en la baptisant *kimjongilia*. On dénomme cette fleur « fleur flamboyante », « symbole de l'espoir, des vœux et de la passion ». A la 12e Exposition internationale d'horticulture (en 1991), la fleur aurait été décorée d'un prix spécial et d'une médaille d'or !

Les trois piliers : l'idéologie, le fusil et la science

Au cours de notre première réunion officielle, nous rencontrons le directeur du département international du comité central du parti du travail de Corée, entouré de ses adjoints et des interprètes. Nous demandons quelle est la situation générale du pays ? « Kim Il Sung, le grand leader, est décédé en 1994. Depuis la situation est très difficile, pleine d'épreuves comme la Corée n'en a jamais connues avec une augmentation des tentatives d'étouffement et d'encerclement des forces impérialistes de l'extérieur. En mai 1994, nous avons signé un protocole d'accord avec les Etats-Unis mais ceux-ci croyaient que la Corée du Nord allait succomber dans les deux ou trois ans alors qu'à l'intérieur du pays nous étions l'objet de calamités naturelles les pires du siècle. Cela a été une période très dure, pleine d'épreuves dont dépendait la survie de la nation. Au lieu de se laisser écrouler, la Corée s'est dressée comme un seul homme pour s'engager dans l'édification d'une puissance prospère. Toute cette entreprise s'est conduite sous la direction du fils Kim Jong Il, cher dirigeant et grand leader du peuple de Corée et secrétaire général du parti communiste de Corée. Tous les membres du parti, les travailleurs, les militaires, se sont engagés comme un seul homme dans cette tâche sous la conduite de Kim Jong Il. Cette année 2000 est très importante car c'est le 55e anniversaire de la fondation de notre parti. Au début, celui-ci avait avancé le mot d'ordre 'rendre brillante cette année' dans un grand effort de *cholima* qui est l'équivalent chinois du grand Bond en avant. »

« Pour l'édification d'une puissance prospère, nous nous reposons sur trois piliers : l'idéologie, la science et le fusil. La consolidation de l'idéologie est notre premier pilier : c'est elle qui va nous permettre de recentrer notre ligne et notre volonté. L'expérience pratique de notre révolution est que tout le parti, toute l'armée et tout le peuple s'arment fermement des idées de Kim Jong Il, dirigeant bien aimé de notre peuple. Avec ses idées, nous pouvons nous sortir de toutes les difficultés et surmonter toutes les épreuves. Notre base idéologique est assez puissante pour faire peur à nos voisins. L'unité monolithique du peuple autour du leader Kim Jong Il, fils bien aimé de notre grand leader Kim Il Sung constitue l'élément essentiel de la réussite de notre entreprise. »

« Le deuxième pilier, c'est le fusil. Le camarade Kim Jong Il, dirigeant bien aimé de notre peuple, a dit qu'il fallait donner la priorité à l'armée. Les forces impérialistes extérieures veulent étouffer et isoler notre pays. Si on veut sauvegarder notre socialisme, il faut renforcer notre puissante armée. C'est cette logique de grande armée qui constitue le peuple. La patrie, c'est le peuple et le peuple, c'est l'Etat, et le peuple c'est l'armée. C'est grâce à cette idée géniale qui consiste à s'appuyer sur l'armée que Kim Jong Il, grand leader, a pu s'assurer la réussite de l'entreprise qui consiste à conduire le pays. Kim Jong Il se passe de jour férié, même le jour de son anniversaire, pour faire les travaux d'inspection de l'armée, pour la transformer en force invincible, capable de vaincre n'importe quel ennemi. La puissance de notre armée est connue. C'est la raison pour laquelle aucun peuple n'ose nous attaquer. Sous la conduite révolutionnaire de l'inspecteur général Kim Jong Il, nous allons poursuivre l'œuvre révolutionnaire. »

« Le troisième pilier de notre révolution, c'est la science et la technologie. L'objectif est de perfectionner le développement du socialisme. Nous voulons perfectionner les travaux de recherches pour rattraper le retard que nous avons en peu de temps. A l'été 98, nous avons lancé le premier satellite artificiel. Cela est bien connu dans le monde entier. Dans les années à venir, nous allons développer et perfectionner notre science. En ce qui concerne le développement économique, le grand camarade Kim Jong Il est en train de diriger les différents domaines de la construction pour l'édification d'une puissance prospère. Depuis le début de sa succession, Kim Jong Il a dirigé sur place un grand nombre de fermes et d'entreprises pour y attiser les flammes d'un grand effort de *cholima.* Hier, il a dirigé sur place le réaménagement des terres dans la province du nord. L'une des clefs de l'augmentation de la production réside dans ces travaux de réorganisation des terres. Celui-ci est un grand travail et une grande cause patriotique pour le développement de notre pays. La lutte est difficile mais notre confiance dans l'avenir est incommensurable. Le peuple coréen va réussir car le peuple est fermement uni comme un seul homme autour du camarade Kim Jong Il. Pour réussir, pour renforcer le parti et son rôle, tous les cadres se rendent sur ces lieux de travail avec les travailleurs pour faire le travail politique et organisationnel pour l'édification d'une société prospère. L'opinion du peuple est que cette perspective de l'édification d'une nation prospère est très positive. Le camarade Kim Il Sung, grand leader, toute sa vie a voulu léguer à ses descendants une patrie unifiée, tout en stoppant les douleurs de la division du pays. C'est la politique que poursuit le respecté Kim Jong Il, tout en respectant des recommandations de Kim Il Sung. »

« Dans le domaine des relations internationales, nous avons des idéaux d'indépendance et de paix. Indépendance, cela veut dire sans ingérence extérieure. Paix, c'est la voie pacifique en s'épargnant les moyens militaires. C'est sur cette base que notre parti cherche à développer les relations d'amitié avec tous les peuples qui s'opposent à l'asservissement, à l'agression et à la guerre. »

Nous posons alors une série de questions sur les droits de l'homme, l'existence de camps de concentration et celle de trois catégories différentes de citoyens. « Je peux vous donner les réponses adéquates mais ma première impression est que vous avez des préjugés sur la Corée car vos questions sont basées sur la propagande dirigée contre nous qui se fait dans les pays occidentaux. Ces forces hostiles sont partout mais notamment aux Etats-Unis. La menace ne vient pas de la Corée du Nord mais plutôt des Etats-Unis, de la Corée du Sud et du Japon. Vraiment, il n'y a pas trois catégories dans la population et les camps de concentration, cela n'existe pas. Vous êtes vous aussi victimes de la propagande occidentale. Je vous en donne un exemple. Oxfam, l'organisation britannique est venue dans notre pays, ils ont décidé qu'ils voulaient assister et faire eux-mêmes sur place la répartition des céréales tout en précisant qu'elles venaient d'eux. Ils voulaient distribuer eux-mêmes chez les habitants. Ils avaient prévu d'installer une grande marmite en pleine rue et de distribuer les vivres au passage des gens. A ce moment-là, il valait mieux mettre la marmite dans un restaurant mais je me demande un peu si vous seriez d'accord vous que l'on mette une grande marmite en pleine rue. Chez nous, la population considère cela comme une provocation contre elle. »

« Un exemple typique de la propagande, c'est que, chez vous, on dit que cette assistance internationale est distribuée à l'armée, ce qui n'est pas vrai, elle est donnée à la population. Bien entendu, il n'existe pas de différence de classe en Corée du Nord. Cela me choque d'ailleurs très fort que vous puissiez poser cette question. Les camps de concentration, cela n'existe pas non plus. Je comprends que vos questions sont basées sur ce que disent les occidentaux mais nous voulons développer les contacts avec vous et ce type de questions est assez choquant et même difficile à traduire car le mot camp de concentration n'existe pas en coréen. »

Enfin, nous essayons de comprendre l'idée de *cholima* ? « C'est le symbole de la marche en avant. C'est l'accélération du développement du pays. C'est faire cent pas pendant que les autres en font dix et cela pour rattraper notre retard séculaire. La première campagne de *cholima* a été lancée en 1961, la deuxième marche de *cholima* a été lancée en 1995 par le camarade Kim Jong Il inspiré des directives de Kim Il Sung. »

Le *kimilsunia*, nouvelle espèce d'orchidée mise au point par un botaniste indonésien. En 1965, lorsque le camarade Kim Il Sung était en visite en Indonésie, le président indonésien a proposé de baptiser cette fleur *kimilsunia*.

Le monument mémorial Kim Il Sung

C'est là que repose la dépouille mortelle du grand leader. A l'extérieur du mémorial, il y a des files de Nord-Coréens – environ 400 à 600 personnes en rang par quatre, soigneusement alignés – qui attendent. Dépassant tout le monde, nous arrivons dans un immense couloir, long de plusieurs centaines de mètres.

Avant d'emprunter un premier escalator, il faut au préalable passer, de façon ridicule, sur deux tapis qui doivent nous nettoyer les pieds et enlever les bactéries : le premier muni de brosses mécaniques, le deuxième d'un flux lumineux. Ensuite, on passe à travers un détecteur de métal et on arrive sur un gigantesque tapis roulant qui avance très lentement, moins vite que le pas de l'homme. Une attente de dizaine de minutes est destinée à nous préparer au choc psychologique de la rencontre avec le génial leader. On croise des Nord-Coréens qui ressortent du monument, le visage figé, fermé, presque hiératique. Ils ne parlent pas, ils nous regardent sans aucun sourire, silencieux. Des femmes pleurent. Personne ne bouge sur les escalators, on avance ainsi lentement. Cette mise en scène est censée créer une atmosphère de recueillement et d'humilité. Après un petit quart d'heure, on arrive dans une immense salle, de soixante à quatre-vingt mètres de long, éclairée d'une lumière bleue. On entend une musique forte. A l'autre bout de la salle se trouve une grande statue blanche du grand leader Kim Il Sung, d'une dizaine de mètres de haut. On s'avance quatre par quatre vers lui. Quand on arrive à proximité, on s'incline. Les Coréens le font extrêmement bas presque jusqu'à terre. On se recueille quelques secondes, on salue de nouveau et puis on s'en va. L'impression qui prédomine est la volonté d'amoindrir et d'abaisser l'individu face à ce grand génie de l'humanité. Ensuite, on emprunte un autre escalier et on traverse un sas, dans un grand courant d'air qui est supposé enlever, après les bactéries, nos dernières impuretés. Cela ressemble à un mauvais film de science fiction. On pénètre alors dans la salle où le corps du grand leader est conservé, embaumé, dans une atmosphère de respect et de recueillement. On fait la file pour faire le tour du cercueil de verre sur une musique, « sa musique », nous explique le guide. On est prié de s'incliner à quatre reprises sur chacun des côtés, puis on sort et on redescend l'escalier en regardant les femmes qui pleurent sous le coup de l'émotion d'avoir vu le grand leader. Les visages des hommes sont graves et solennels.

On arrive dans une nouvelle grande salle, avec un nouveau portrait immense de plusieurs mètres de haut de Kim Il Sung. Une jeune fille avec une longue robe traditionnelle de couleur pourpre prend une voix de pleureuse lamentée pour nous faire la visite. Elle nous parle de Kim Il Sung comme du soleil de la Corée, le généralissime des armées, le bienfaiteur suprême. A sa mort, le peuple a été frappé de stupeur. La population coréenne a été sous le coup d'un choc violent, elle est restée sans voix, elle a eu l'impression d'avoir perdu son être suprême. La mort de Kim Il Sung a été une tragédie nationale. Cette guide nous présente les six grands tableaux qui se trouvent autour de la pièce, inaugurée, paraît-il, au début de l'an 2000. Le premier tableau montre la douleur des soldats lorsqu'ils ont appris la mort de leur chef suprême, le généralissime Kim Il Sung, grand leader, frappés à mort de voir leur frère d'armes décédé. Le second montre la douleur des familles coréennes apprenant la triste nouvelle. Dans un grand mouvement idéologique artistique, le troisième tableau montre le peuple décidé à regarder l'avenir avec confiance et à continuer à vivre fortifié par la pensée de Kim Il Sung sous le leadership du dirigeant Kim Jong Il, son fils bien aimé. Le tableau montre des hommes debout, regardant devant eux, vers le haut, en contraste avec les tableaux précédents. Le quatrième montre le peuple de Corée du Sud, frappé de douleur à la mort du grand leader qui a consacré toute sa vie à la réconciliation des deux Corée. Le dernier tableau montre les forces progressistes du monde entier, accablées par ce décès. Naïvement, la guide nous explique que c'est Kim Il Sung en personne qui a procédé à la mise en scène de sa propre cérémonie de funérailles et conçu l'itinéraire à parcourir par les visiteurs qui viendraient se recueillir sur sa tombe. Elle nous montre également, en passant au milieu de la pièce, « les larmes et les traces de sang » laissées sur le sol par le peuple coréen lorsqu'il a appris le décès du grand leader.

Je la surprends en lui posant une question banale. Alors qu'elle vient de réciter sa litanie dans un français parfait, soudain, elle semble ne plus connaître l'usage de notre langue. Les interprètes officiels doivent venir à son secours. Les Coréens semblent gênés par cette question déplacée dans le contexte. Elle prend soudain cet air inquiet qu'ont la plupart des gens quand des étrangers leur parlent. Elle regarde nos accompagnateurs très inquiète en leur demandant d'un geste ce qu'elle doit faire. Les interprètes lui disent de donner une réponse. Parle-t-elle vraiment le français ou a-t-elle juste appris son texte officiel ? En tout cas, elle refuse de répondre en français et le fait en coréen.

On passe ensuite dans une salle où l'on voit le wagon présidentiel avec le bureau du président. Sur le mur, deux tableaux avec des petits points lumineux montrent les itinéraires et le nombre de kilomètres parcourus en Corée par Kim Il Sung, selon les années, avec des sous-totaux par année et des totaux généraux : soixante mille kilomètres apparemment. On voit les itinéraires qui apparaissent et disparaissent sous forme de petites lumières. L'autre tableau montre les voyages entrepris par le grand leader surtout en URSS mais aussi en Europe de l'Est, en Asie et en Afrique. Il n'y a pas beaucoup de voyages en Europe. Là encore un compteur kilométrique montre les impressionnantes distances parcourues.

On se dirige vers une autre salle où l'on voit les multiples décorations reçues par le grand leader. La plupart viennent de l'URSS et des ex-pays de l'Est mais il y en aussi de pays africains et d'Amérique latine. On voit notamment que Kim Il Sung a été honoré du grand ordre national du Léopard par Mobutu. Une université américaine, celle de Kensington, a décoré le grand leader qui est aussi *docteur honoris causa* de plusieurs universités en Amérique latine. On apprend également qu'il est professeur émérite de philosophie ! Plus troublant, une médaille du Comité international de la Croix Rouge lui a été accordée en 1992. Et toujours en 1992, une autre décoration comme membre honoraire du « all-bolchevik parti », d'autant plus étonnante qu'elle est postérieure à la chute de l'URSS. Il n'y a, fort heureusement, aucune décoration de pays occidentaux.

On passe ensuite dans une salle où est exposée la Mercedes V12 noire du président. Elle est fixée, de façon ridicule, sur quatre pieds et avec quatre caches sous les pneus. Le régime n'en est pas à une contradiction près puisque c'est le symbole le plus parfait du capitalisme. L'interprète nous dit qu'avec ce véhicule « le président a parcouru tous les coins et recoins du pays ». On se demande bien comment lorsque l'on connaît l'état des routes !

En sortant, on croise encore des centaines de Coréens. Les hommes portent tous un costume. On sent que c'est un jour important pour eux. Ils semblent venir de la campagne après avoir fait un grand nombre de kilomètres et avoir revêtu leurs plus beaux atours. Ils sont maigres, de petite taille et moins corpulents que nos interprètes et que les dirigeants que nous rencontrons. Combien de milliers de Coréens étaient là ce jour-là ? Nous avons l'impression pourtant qu'il s'agit d'une journée ordinaire et que, chaque jour, une partie de la Corée défile dans ce monument, ce qui renforce sa vénération pour l'incommensurable grand leader de la Corée.

En compagnie du camarade Kim Il Sung, grand Leader, notre bien-aimé camarade Kim Jong Il inspecte la cité Kwangbok, nouvelle agglomération de Pyongyang.

Les dysneyland du stalinisme

Mangyongdae ou la soi-disant maison natale

La maison natale de Kim Il Sung est située à quelques kilomètres de la capitale. D'après tous les livres d'histoire occidentaux, il serait né en Sibérie. Pourtant, des milliers et des milliers de personnes sont entretenues dans le mythe de sa naissance à cet endroit et attendent des heures pour visiter trois huttes sans aucun intérêt. Mythologie oblige, on y apprend que le grand leader était issu d'une famille pauvre qui occupait la demeure d'un riche propriétaire terrien. On y voit quelques instruments agricoles qui sont idolâtrés : une faucille, quelques instruments, trois jarres, « traces d'un travail dur et de la vie douloureuse d'un sombre passé ». Puis, délire suprême, on y voit une photo du moment où il aurait retrouvé sa famille après quinze ou vingt ans de séparation. Ce moment aurait été immortalisé ! On nous montre des photos de ses parents, des gens évidemment extraordinaires, le père qui regarde avec bienveillance son fils mais qui demeure un paysan car il est important de travailler la terre. A quelque distance se trouve un petit pavillon. De là, on peut voir un tableau représentant Kim Il Sung, âgé d'une douzaine d'années, assis en train de méditer sur la colline. C'est un endroit très important, nous explique l'interprète, car c'est ici que Kim Il Sung a eu son inspiration révolutionnaire et a décidé de se joindre à la lutte anti-japonaise. Sur le tableau qui le représente, il semble déjà un peu replet malgré son très jeune âge. Selon la remarque d'un membre de notre délégation, c'est le seul coréen obèse que nous verrons au cours de notre séjour.

Sur les routes, il n'y a quasiment pas de circulation. Certains trams sont vides, d'autres bondés. Par endroits, il y a beaucoup de monde et on a l'impression que le peuple répète en permanence des défilés futurs. On voit des centaines voire des milliers de personnes défiler ou répéter de grands mouvements chorégraphiques. Lorsque l'on croise des petits groupes qui semblent pique-niquer, en s'approchant on s'aperçoit qu'il ne s'agit jamais d'une famille mais toujours d'une unité de travail, d'une école, d'un comité d'entreprise ou d'un groupe d'anciens combattants. On ne voit jamais une famille au complet, le père, la mère et les enfants. Cela n'existe pas. Les dimanches, les enfants sont dans la rue et sur les places : ils défilent, ils chantent, ils crient ou ils répètent des mouvements de danse compliqués. Les adultes vont visiter les monuments à la gloire du grand leader. On a l'impression d'une société qui défile en permanence. On ne voit presque pas d'individus qui n'appartiennent pas à une collectivité organisée. Tous les groupes sont toujours structurés et disciplinés. Les mallettes des écoliers, par exemple, sont toujours posées en cercle, rangées par classe. Même le dimanche, des groupes de gens travaillent à des constructions d'immeubles. Il y a aussi des chantiers gigantesques regroupant des centaines de personnes. L'impression est celle d'un pays d'ordre, organisé, qui travaille et qui défile. L'interprète répète que Kim Il Sung est « le soleil de la Corée ». Le jour de la fête du soleil lui est d'ailleurs consacré.

Le cimetière des martyrs révolutionnaires de Taesong

L'emplacement de ce site consacré aux martyrs révolutionnaires a été évidemment choisi par le vénérable

Kim Il Sung. « Il s'est rendu sur toutes les collines des environs et a choisi celle-là. C'est lui qui a décidé de l'emplacement du cimetière et de son orientation ainsi que de la sculpture que l'on voit à l'entrée. Pour les bustes des héros, il a dit qu'il fallait du cuivre bien que le pays en manque mais il fallait honorer les révolutionnaires morts pour la patrie. »

Ici aussi, comme dans tous les lieux officiels, défilent des gens venus en grand nombre : des militaires, des hommes, des femmes habillées en longue tenue traditionnelle de couleur pourpre, des enfants et des adolescents. Ces adolescents constituent la version locale des komsomols, sorte de boy-scouts politiquement et idéologiquement marqués, en short bleu, chemise blanche et foulard rouge. Sur leurs bras figurent une, deux ou trois étoiles. Il y a des leaders de classe, des sous-leaders, des leaders de rang, etc. On peut y voir au mieux des boy-scouts, au pire un embrigadement total dès le plus jeune âge. Une femme ramasse consciencieusement les mauvaises herbes une par une alors que les pelouses sont déjà impeccables. A l'entrée du cimetière, il y a une gigantesque pierre de six cents tonnes, taillée d'un seul bloc sur laquelle ont été gravés quelques mots de Kim Il Sung et où figure sa signature. On imagine la somme de douleur et d'énergie humaine qu'il a fallu pour transporter cette pierre.

Au sommet de la colline, se trouvent les chefs militaires. Il y a de la musique de circonstance et les stèles des généraux de l'armée populaire coréenne ainsi que celle de la première femme de Kim Il Sung qui est aussi la mère de Kim Jong Il. « C'était une combattante de première valeur pendant la guerre anti-japonaise aux côtés de Kim Il Sung. » Selon notre guide, qui grelotte dans sa longue robe pourpre, cette femme exceptionnelle « se jetait littéralement en avant pour protéger le leader suprême et n'hésitait pas à faire de son corps un véritable bouclier pour le protéger.»

Le musée des trois révolutions

Le musée des trois révolutions permet d'apprécier « les progrès de l'édification scientifique du régime ». Il comporte six pavillons. Le pavillon consacré aux idées du *juché* est le seul présentant un certain intérêt, les autres – industries lourdes, innovations technologiques, agriculture, économie et électronique – ressemblent à n'importe quel musée soviétique des années soixante ou soixante-dix. Les ordinateurs, comme tout le matériel qu'il s'agisse des véhicules ou des appareils électriques, sont d'inspiration soviétique et rappellent une époque révolue. En revanche, dans la partie consacrée au *juché*, on nous montre des centaines de livres de Kim Il Sung et quelques-uns de Kim Jong Il, publiés dans de nombreuses langues notamment en français et en néerlandais. Comme toujours, il y a une débauche de statistiques : 108 pays ont publié les œuvres de Kim Il Sung, 199 pays en ont vulgarisé ses idées ! On se demande comment ce nombre de 199 a pu être établi, mais c'est celui qui figure sur les tableaux. 24 séminaires internationaux, 27 séminaires régionaux et 277 séminaires nationaux ont été organisés pour exposer l'œuvre extraordinaire du grand leader Kim Il Sung.

Le Président de l'Assemblée populaire suprême

Nous proposons que le président de l'Assemblée populaire suprême, Choe Thae Bok, réponde directement à nos questions.

Comment s'est décidée la succession entre Kim Il Sung et Kim Jong Il ? « Lorsque le Président Kim Il Sung est décédé, le peuple coréen a été unanime pour plébisciter Kim Jong Il au poste de président de la nation. Depuis trente ans, aux côtés de son père, Kim Jong Il a dirigé les travaux de l'Etat et du parti. Pendant trente ans, ils ont accompli des exploits immortels pour notre peuple. Donc, il était naturel que le peuple veuille plébisciter Kim Jong Il le plus rapidement possible, au poste de président. Notre respectueux dirigeant Kim Jong Il y a renoncé à la lumière de la tradition et des us et coutumes du pays. C'est pour cela que nous avons eu une absence de Président pendant quatre ans. Après quatre ans, nous avons convoqué une session de l'assemblée populaire suprême. Tout le peuple aurait voulu élire Kim Jong Il mais le respecté Kim Jong Il a dit que le président de la Corée serait toujours Kim Il Sung. C'est à partir de là que nous avons remanié la Constitution et que nous avons éliminé la fonction présidentielle. On a stipulé que Kim Il Sung est le fondateur et le président éternel de la République populaire de Corée. C'est l'un des points fondamentaux de référence de notre système. On a élu Kim Jong Il au poste de président du Comité de la défense nationale et commandant suprême de l'armée populaire de Corée. De nos jours, profondément inspiré par la direction éclairée du camarade leader Kim Jong

Il, le peuple coréen s'engage vaillamment dans cette grande entreprise de l'édification d'une puissance prospère. »
En quoi consiste l'idéologie du *juché* ? « C'est l'idéologie directrice et la philosophie politique de notre république. Nous nous efforçons d'incarner, dans tous les domaines de la vie et dans toutes les activités de l'Etat, les idées du *juché*. Le monde se compose de l'humanité, la société, la nature et les hommes. Il faut choisir quel est l'élément susceptible de s'affirmer comme le maître de ce monde. C'est l'homme qui s'impose sur les autres éléments et qui peut dominer le monde. Si on accepte ce principe, dans notre pays, ce sont les masses populaires qui disposent de la force motrice pour promouvoir ces idées. L'homme est maître du monde et dispose de la force de façonner ce monde. Le *juché* est une philosophie qui fait grand cas de l'être humain et respecte les masses populaires. Ces idées sont notre propre philosophie politique. Il faut se fier aux forces de notre propre peuple et s'en servir pour l'édification d'un Etat indépendant. Certains accusent un développement supérieur mais les plus pauvres ne doivent pas toujours se mesurer aux plus riches. C'est dans cet esprit que nous avons fondé notre parti et notre Etat et que ceci a apporté des victoires à notre révolution. On peut résumer le *juché* en un socialisme axé sur les masses populaires. »

Qu'est-ce que la *cholima* ? « C'est un cheval qui vient d'une ancienne légende. En 1956, a débuté la reconstruction de notre pays après la guerre. Nous étions dans une situation difficile. Pyongyang était rasée. Les Etats-Unis pensaient que la Corée ne pourrait pas se relever avant un siècle. Avant la guerre de libération, le pays était très arriéré à cause des conséquences néfastes du colonialisme japonais. Notre grand leader Kim Il Sung a décrété que si les autres pays marchent il faut que nous courrions, cela en 1956. La *cholima*, c'est l'ambition du peuple de rattraper les autres pays. C'est un cheval légendaire qui peut courir quatre cents kilomètres en un seul bond. »

Quelles sont les relations entre le parti et l'assemblée populaire suprême ? « Le parti est au pouvoir, l'assemblée populaire suprême se trouve sous le parti et s'inspire de sa direction. »

Comment expliquez-vous la fin du socialisme en URSS et dans les pays de l'Est ? « Il s'agit d'un dérapage du socialisme. » En fait, le mot dérapage est le mot officiellement utilisé pour définir la fin de l'URSS et du système socialiste. « Il s'agit d'un dérapage parce que les partis et les Etats de ces pays ne se sont pas fondés sur les exigences et les aspirations de leur peuple. Ils n'ont pas reçu le soutien de leur propre population. Chaque nation a ses propres traditions, ces pays ont suivi, à l'aveuglette, la politique de l'URSS qui se distanciait de plus en plus de la population. »

Quelles sont les relations entre le peuple et l'armée ? « C'est le peuple qui contient l'armée mais il y a une direction du camarade Kim Jong Il invitant à donner la plus grande importance à l'armée. Au cours des dernières années, après la mort de Kim Il Sung, nous avons sauvegardé et développé notre socialisme. Celui-ci est dû à l'importance donnée à l'armée. Après le dérapage du socialisme en URSS, la Corée a été obligée de défendre son socialisme par ses propres forces mais, malheureusement, elle était entourée de forces malveillantes qui voulaient étouffer et étrangler notre socialisme, surtout les Etats-Unis, le Japon et la Corée du Nord. Après les inondations et les désastres, ils ont dit que la Corée ne pourrait survivre plus de deux ou trois ans. 40.000 soldats américains sont stationnés en Corée du Sud depuis un demi-siècle. Ils ont des bombes nucléaires et des armes très sophistiquées. Notre pays est petit, nous savons qui nous menace et, si nous voulons survivre, il faut développer nos propres capacités militaires susceptibles de nous défendre nous-mêmes. C'est à cause de l'absence de cette puissance armée que la Corée a été soumise à la colonisation des Japonais à la fin du XVIIIe siècle. Nous avons vécu cette expérience amère et nous ne tolérerons jamais que des forces extérieures reviennent. Notre peuple a fait le choix de son régime socialiste. Le peuple coréen considère que le choix de ce régime social est le meilleur mais, malheureusement, ce régime socialiste que le peuple préfère est menacé de l'extérieur d'où il faut renforcer notre capacité défensive militaire. La bonne édification de l'économie suppose la consolidation de cette puissance armée. L'armée est au-dessus de l'Etat, l'armée est dans l'Etat, l'armée est le parti, l'armée est le peuple. L'Etat, le parti, le peuple et l'armée ne font qu'un. L'armée s'acquitte également d'un rôle important dans tous les domaines de l'acquis social en plus de la défense du régime socialiste. Elle s'occupe d'un grand nombre de projets de développement de notre économie. Les autoroutes que vous allez prendre ont été construites par l'armée. On ne trouve nul part ailleurs une armée qui s'occupe aussi bien de constructions à vocation pacifique. L'armée est liée à la population. Le peuple et l'armée se sont assuré de leur unité réciproque. L'esprit idéologique et politique des officiers et soldats est très bon. Le mot d'ordre de Kim Jong Il est d'ailleurs « il faut apprendre auprès de l'esprit révolutionnaire des soldats de l'armée. »

Quelle est la situation des droits de l'homme ? « Chaque pays a ses propres traditions. Il n'y a pas un seul critère d'appréciation des droits de l'homme. Certains pays se disent inspecteurs des droits de l'homme et les autres sont les inspectés. Il n'y a pas un seul critère. D'ailleurs, chaque année, nous présentons un rapport sur les droits de l'homme. » On n'en saura pas plus, malgré nos questions précises basées sur les rapports d'Amnesty International.

Quelle est la situation économique du pays ? « Les Etats-Unis veulent s'infiltrer dans notre pays sur le plan culturel et idéologique et propager leur modèle et leur valeur au sein même de notre population. Ceci minerait de l'intérieur le socialisme dans notre pays. » Voilà enfin une phrase avec laquelle on peut être d'accord ! « Notre intention est de renforcer la prospérité et la puissance de notre socialisme. Nous sommes ouverts et nous avons fait des réformes, les réformes ont été faites tout au long du processus de renforcement de notre socialisme mais nous n'accepterons jamais les diktats de qui que ce soit. C'est impossible pour nous de comprendre que l'on dise en Occident que nous menaçons les Etats-Unis et le Japon. D'ailleurs, le mur entre les deux Corée a été construit par la Corée du Sud, pas par nous. »

Selon des sources fiables, l'appareil industriel tourne à moins de 10 % de sa capacité. Depuis la fin du troc avec l'Union soviétique, le pays ne trouve plus aucun partenaire commercial. Selon l'expression d'un fonctionnaire international, « c'était un pays développé qui est en train de devenir sous-développé ». Il est difficile de savoir jusqu'à quel point on pouvait le considérer comme « développé » mais il est exact que c'était un pays relativement industrialisé sur le modèle soviétique et qu'aujourd'hui plus rien ne fonctionne. La Corée du Nord vivait de l'industrie plus que de l'agriculture et importait une grande partie des produits agricoles de base. Tout manque désormais en Corée du Nord : nourriture, matériel de chauffage, matières premières, biens d'équipement et de consommation. Même pour ceux qui ont beaucoup voyagé, il est difficile de se figurer l'immense détresse du peuple coréen. Lors de nos différents déplacements au cours de la semaine, nous croiserons des dizaines d'usines mais nous n'en verrons pas une seule en activité. Lorsqu'il y a des cheminées, nous n'en verrons pas une seule fumer. En revanche, la propagande est partout. Il n'y a pas un seul village qui en soit dépourvu.

En route
et au musée de l'amitié internationale

Le musée de l'amitié internationale se trouve à une centaine de kilomètres de Pyongyang. En fait de musée, il s'agit de deux pavillons construits sous la montagne « pour résister à des attaques atomiques » et qui regroupent l'un, les cadeaux au leader Kim Il Sung et l'autre, les présents au camarade Kim Jong Il. Comme dans la capitale, ces constructions gigantesques sont absolument délirantes.

Pour s'y rendre, on emprunte une autoroute à quatre bandes, qui a été construite exclusivement pour mener à ce musée et qui s'arrête juste après celui-ci. Il est stupéfiant, dans un pays qui manque absolument de tout, de trouver une autoroute qui a dû être compliquée à construire puisqu'il y a des dizaines d'ouvrages d'art, de tunnels et de ponts. Sur cette voie déserte, il semble que la circulation soit interdite à tout ce qui n'est pas véhicule officiel, d'autant plus que l'on ne voit quasiment aucune sortie et aucun accès direct aux villages que nous croisons. En revanche, parallèlement à la route, on aperçoit des chemins de terre sur lesquels roulent des camions.

Nous n'avions pas demandé à faire cette visite, mais elle figure au programme de toute délégation étrangère qui vient en Corée. Même dans ces conditions très contraignantes, le voyage en vaut la peine. A plusieurs reprises, nous croisons des groupes de jeunes gens et d'enfants qui se baladent en uniforme avec des fusils en bois. Nous voyons aussi de grands travaux d'agriculture où quelques rares bulldozers et surtout des dizaines de paysans s'efforcent de retourner la terre « animés », selon le mot de notre guide, par des drapeaux rouges qui flottent au vent. Le long de la route, il y a de nombreux chantiers sur lesquels s'affairent des dizaines voire des centaines d'ouvriers, par exemple en vue de construire un pont à la main sans l'aide d'aucun matériel du type grue ou bulldozer. On voit aussi d'énormes travaux de terrassement, là aussi effectués manuellement. Si on pose trop de questions ou si on souhaite s'arrêter, ce qui est interdit, le chef des interprètes nous demande, en souriant : « Etes-vous une mission parlementaire ou une inspection parlementaire ? »

Comme partout, l'arrivée au musée commence par un hommage au grand leader et au cher dirigeant et par l'énoncé de statistiques. « Des délégations de 155 pays ont visité ce musée, 16 pays sont venus à 11 reprises, 174 pays ont fait des cadeaux ». De façon ridicule, la visite du musée débute par l'obligation du port de protège-chaussures.

Les cadeaux proviennent surtout de l'ex-URSS et de ses pays-satellites. Il y a aussi, par exemple, un oiseau empaillé offert par le pasteur Graham ou un gorille donné par Habyarimana, l'ancien président du Rwanda, et d'autres animaux empaillés originaires des pays africains. Au total, plus de 160.000 présents auraient été faits à Kim Il Sung et 50.000 à son fils Kim Jong Il ! Il y a des fusils venant de Yougoslavie, des photos de Kim Il Sung avec Ceausescu, un wagon offert par Staline en 1945 et un autre, concurrence oblige, par Mao en 1953. Plus intéressant, un service à café offert en 1987 par François Mitterrand, l'ancien président de la République française et, en 1978, une médaille toujours du premier secrétaire du parti socialiste français. Quant à la Belgique, le grand leader a été fait en 1987 citoyen d'honneur de la ville de Liedekerke. Le secrétaire général du parti socialiste wallon, un certain Roger Gaulle, a offert un cadeau en 1992, de même que le bourgmestre de Charleroi, Luc Harmegnies en 1978.

La guide marque un temps d'arrêt et nous demande de nous rassembler et de nous préparer à aller nous recueillir devant le grand leader Kim Il Sung. « Nous allons entrer et exprimer notre sentiment de vénération à son égard ». Il y a une superbe mise en scène avec une lumière parfaitement calculée, une musique, de nouveau « sa musique ». La statue de cire serait parfaitement à sa place au musée Grévin. Il est entouré d'un paysage bucolique et féerique à la fois, composé de montagnes, de forêts et de lacs. Comme toujours, son portrait est idéalisé. L'original avait une grosse tumeur dans la nuque qui ne figure pas sur la copie.

Le palais de Kim Jong Il est lui aussi luxueux, avec ses marbres et ses couloirs interminables. On nous explique que le musée a été construit sous la montagne qui porte le nom du cher camarade Kim Jong Il. Dans une mise en scène, le fils se trouve représenté par une statue haute de trois mètres comme le père. Toutefois, ici on ne nous demande ni de saluer, ni de nous incliner. 156 pays ont fait 45.855 cadeaux au rejeton qui n'est pourtant au pouvoir que depuis quelques années. On remarque notamment de nombreux cadeaux de firmes japonaises comme une voiture Hyundai, mais aussi des cadeaux d'une délégation de l'Assemblée nationale française, de « l'académie pour le développement des relations internationales » de France, de « la délégation française des études du *juché* » et de « la mutuelle générale de l'éducation nationale de France », etc.

Promenade à la campagne

A l'aller nous avons emprunté cette autoroute ubuesque le long de laquelle il n'y a pas un seul village. Au retour, nous avons demandé à visiter une ferme, une école et une crèche. En fait, nous ne verrons pas la ferme et nous arriverons après les cours à l'école et à la crèche. Nous quittons d'abord l'autoroute pour nous enfoncer « dans la campagne » sur un chemin de terre qui mène à différents villages. On franchit ensuite un poste de garde. Il ne faut pas oublier que la liberté de circulation est extrêmement limitée et que les Nord-Coréens ne peuvent aller n'importe où, et certainement pas à Pyongyang ou dans les autres villes, sans autorisation. La capitale est réservée aux cadres et aux fonctionnaires du parti.

En fait, il y a beaucoup d'usines – mais pas une seule ne fonctionne – et de blocs d'habitations. Tout est laid, triste et vétuste. Le paysage est industrialisé mais tout est rouillé et abandonné. Les maisons sont pauvres et sales qu'il s'agisse d'appartements ou d'habitations collectives. Sur les chemins principaux, se déplacent des centaines de personnes. Certains portent des fardeaux sur le dos, attachés à leurs épaules ou à leur tête. L'impression qui domine est celle d'un peuple qui marche en permanence pour trouver on ne sait quoi, un peu de nourriture ou des moyens de chauffage peut-être car on ne voit aucun arbre. Tous sont maigres, beaucoup vont pieds nus ou en sandales, malgré le froid qui règne encore en ce début de printemps. Entre deux rangées d'habitations, se trouve un de ces « marchés clandestins », marchés qui officiellement n'existent pas mais qui permettent à la population de survivre. On n'a pas le droit de s'arrêter et on passe en trombe. Au détour d'un chemin isolé, un paysan voit de loin arriver notre impressionnant cortège de Mercedes et se prosterne, à une dizaine de reprises. Voilà le résultat de cinquante ans de régime communiste ! On roule sur des routes boueuses et des chemins de traverse avec des Mercedes. A plusieurs reprises, ces dernières s'embourbent et il faut sortir pour alléger le poids du véhicule. Les chauffeurs ne pensent qu'à suivre la voiture devant eux sans prendre le moindre soin du véhicule.

En guise de ferme, on nous amène devant une digue qui a cédé à la suite d'inondations en 1997. Une « compagnie de travail » composées de trois cents pauvres hères « qui ont été choisis parmi les plus jeunes de leur commune pour faire ce travail révolutionnaire » s'applique à réparer la digue sans aucun instrument mécanique. Ils vivent littéralement sous terre, dans des trous de quinze mètres sur deux, recouverts d'un toit de paille et dorment côte à côte quasiment à même le sol. Dans chacun de ces dortoirs, il y a, bien sûr, les photos de Kim Jong Il et Kim Il Sung. Ces travailleurs expliquent qu'ils ont été envoyés comme volontaires par leur village situé assez loin de là et qu'ils vont rester dans ces conditions environ un an afin de réparer la digue ! Comment peuvent-ils réparer la digue ? Il n'y a pas d'outils, pas de machines, pas de véhicules et pas de fuel.

On reprend le même chemin et on arrive fort tard pour visiter une crèche et une école. A l'extérieur, il y a un grand mur avec de grandes inscriptions blanches sur fond rouge. Je demande à l'interprète de quoi il s'agit. « Ce sont les instructions de notre vénérable et respecté leader, le camarade Kim Il Sung, lorsqu'il est venu visiter la crèche. Il a laissé ses consignes. » En fait, partout où nous allons, devant n'importe quelle structure officielle (école, hôpital,...), il y a toujours à l'entrée les consignes laissées par le grand leader.

Malgré l'heure tardive et l'absence d'enfants, nous voyons une maquette reproduisant la maison natale de Kim Il Sung. Dans la crèche, on note l'absence de chauffage, alors que la température peut descendre jusqu'à moins vingt ou trente degrés. Dans une petite salle s'entassent vingt-cinq à trente hommes, rien que des hommes, en train de regarder la télévision. La vie est collective à tout égard, sauf probablement la survie qui est individuelle. La seule chose qui n'est pas officiellement collective, c'est la propriété des chèvres et des lapins puisque le vénérable Kim Jong Il a donné l'année dernière l'instruction de les multiplier. Hélas, ces animaux ne sont pas nombreux.

Le matin, sur la route, nous avons croisé deux groupes de très jeunes gens en uniforme et portant des armes. D'après le traducteur, ce sont des jouets, des armes en bois. Nous sommes passés très vite et on n'a pas bien vu. Ce sont les gardes rouges, une organisation paramilitaire qui regroupe les jeunes selon leur âge. Les enfants sont d'abord dans les « corps de l'enfance », une association qui regroupe les très jeunes, puis dans « l'union de la jeunesse » qui est une organisation politique, puis dans les « gardes rouges » qui est une structure paramilitaire. Ainsi, tout le peuple est armé depuis les plus jeunes jusqu'aux plus âgés. Il existe aussi l'union des femmes, l'union des syndicats, l'union des travailleurs, l'union des vieux, l'union des anciens combattants, bref tout le monde est membre de plusieurs organisations. Au cours de ce séjour, nous ne verrons jamais des parents avec leurs enfants en train de se promener ou de jouer. Le dimanche, chacun va à des activités collectives en fonction de sa catégorie ou de son âge.

Guides, métro et magasin

Quelques mots sur la façon dont notre voyage est organisé. Le responsable de notre groupe, qui nous accompagne partout, ne parle ni le français, ni l'anglais. Il est suivi par une équipe d'interprètes avec un chef, Kim, un prénom très fréquent en Corée. Ni les interprètes, ni le responsable ne peuvent décider seuls de notre itinéraire. Existe quelque part au ministère de l'intérieur, selon l'allusion d'un interprète, un « service du protocole » qui décide de notre programme et de notre itinéraire. C'est pour cela que le plus souvent nos guides nous répondent « on va voir et on va vous donner une réponse. » Il est clair que la ligne jaune, c'est l'interdiction absolue d'avoir des contacts directs avec la population et de sortir d'un itinéraire et de visites soigneusement balisés.

Nous avons régulièrement des discussions houleuses sur le programme. Rien de ce que nous demandons ne sera finalement accepté. Nous voulons, par exemple, aller dans la province de Injon pour voir une région touchée par la famine. C'est interdit pour « une délégation de notre niveau ». Même aller le soir à l'hôtel où les étrangers descendent n'est pas toujours chose simple. Généralement, une discussion s'ensuit en coréen et les interprètes convainquent le responsable que cela ne pose aucun problème.

Comme nos interprètes parlent parfaitement le français, même si la plupart n'a jamais quitté le pays, nous discutons beaucoup avec eux. On leur repose la question déjà mentionnée sur les camps de concentration en montrant le rapport d'Amnesty International. Nos guides trouvent qu'Amnesty utilise un terme très choquant « offender camp ». « Nous devons nous renseigner. » Dix minutes plus tard ils reviennent. « Non, cela n'existe pas. De tels sites, cela n'existe pas. C'est la première fois que j'entends parler de cela. »

Nous essayerons à plusieurs reprises de nous échapper, mais nous serons toujours vite rattrapés. Nous avons tenté de nous enfuir une première fois en prenant une rame dans le métro. Nous avons été surpris de voir que les voitures nous récupéraient à l'arrêt suivant. Comment avaient-elles été averties ? Nous n'en savons rien. Ce métro est superbe, comme celui de Moscou. Malheureusement, il ne fonctionne presque jamais, il est souvent à l'arrêt par manque d'électricité. Nous avons l'impression qu'on l'a mis en marche uniquement pour nous. Quand les jours suivants nous essayerons d'y retourner on nous dira toujours que ce n'est pas possible.

La seconde fois, lorsque nous étions au musée de l'amitié internationale, j'ai commencé à marcher et à m'éloigner de plus d'un kilomètre. Je suis arrivé dans une ferme où j'ai été littéralement chassé par les paysans, chassé violemment et avec force vociférations en me montrant par des signes très clairs qu'ils ne pouvaient avoir aucun contact avec moi. J'étais à peine revenu de la ferme vers la route que la voiture officielle était déjà là pour venir me chercher. Une heure plus tard mon interprète m'a demandé comment j'avais été accueilli par les paysans. Je lui ai dit que j'avais été très bien accueilli et qu'ils m'avaient offert le thé. Il m'a dit que je mentais, ce qui était exact, et qu'ils m'avaient chassé et que je n'avais pas le droit de m'échapper comme cela.

Lorsque nous circulions en dehors de la capitale, il n'y avait pas moyen d'arrêter les voitures. Sous prétexte de satisfaire un besoin naturel, nous sommes allés au contact de paysans dans les champs qui nous ont d'ailleurs accueillis avec de grands sourires. On a pu regarder pendant quelques minutes leurs conditions de travail moyenâgeuses. Les interprètes étaient furieux. Ils nous ont dit que nous étions vraiment indisciplinés et qu'ils n'avaient jamais vu une délégation pareille.

Une autre fois, nous avons essayé de quitter la résidence à pieds pour nous rendre directement dans le centre ville. Il n'a pas fallu cinq minutes pour qu'une voiture et un traducteur nous rejoignent. Enfin, le dernier jour, nous avons profité du fait que nous étions plus nombreux que le nombre d'accompagnateurs pour nous disperser subitement aux quatre coins de la place Kim Il Sung. Nous avons pu passer quelques heures de liberté dans Pyongyang mais nous avons été finalement retrouvés et ramenés à l'hôtel.

Le peuple coréen n'a ni l'habitude ni le droit de parler aux étrangers. Les gens se détournent pour nous éviter. Lorsque nous croisons un groupe d'anciens combattants et que nous les abordons, ils sont très réticents. Les très prudentes réponses sont émaillées d'expressions comme « grâce au parti, grâce au grand leader, nous avons pu faire telle ou telle tâche. »

Nous demandons régulièrement à nos interprètes de nous traduire quelques-uns des slogans affichés en ville, par exemple : « Vive le Maréchal Kim Il Sung, grand leader », « L'indépendance, la paix, l'amitié : les trois socles de notre politique », « On va célébrer cette année le 55e anniversaire de notre parti par une grande avancée de *cholima* ».

Selon Kim, notre interprète, les informations que l'on trouve en Occident à propos des trois classes de la population sont totalement fausses. Au contraire, « Kim Jong Il et Kim Il Sung ont toujours voulu réintégrer tout le monde au sein de la population », mais il mentionne cependant des « enfants-traîtres », enfants des propriétaires fonciers ou de personnes du Sud que l'on qualifie « d'anciens traîtres » mais « la politique officielle est celle de la bienveillance et de la magnanimité ». Il ne s'attarde pas sur le sort des enfants de ces « anciens traîtres ». Selon plusieurs sources, ils seraient totalement marginalisés.

Nous demandons combien de temps dure le service militaire et ce que signifie le travail volontaire. « Le service militaire dure de trois à cinq ans. Après il y a des rappels. Ceux qui vont à l'université peuvent y échapper. Tout le monde doit effectuer un travail volontaire en dehors des heures de bureau ou parfois pendant les heures de travail. Par exemple, nous les fonctionnaires, une fois par semaine, nous allons au travail de volontaire. Nous sortons de Pyongyang et nous allons dans les environs pour garder le contact avec la terre. C'est cela le travail communiste et puis c'est bon pour la nature. C'est ce que l'on appelle le travail du vendredi qui consiste à effectuer un travail manuel dans les champs. Au total, les fonctionnaires, nous travaillons 48 heures par semaine y compris le samedi. Nous employons le mot « unité de travail ». Cela vous fait bizarre en Occident mais pour nous, c'est habituel, c'est un peu comme « camaraderie ». Toute la population va, une semaine par an, faire de l'exercice dans les gardes rouges, ouvrières et paysannes, nous-mêmes nous y allons. Les universitaires sont exemptés du service militaire mais tout le monde doit aller, une fois par semaine, dans les champs et une semaine par an dans la garde rouge, ouvrière et paysanne. Tout citoyen coréen est aussi un soldat. Dans les classes à l'école, il y a plusieurs responsables qui ont une, deux ou trois étoiles selon le grade. Le système est parfaitement organisé. De la naissance à la mort, le parti vous prend en charge. »

Souvent, le soir, la population doit faire des exercices d'alerte en cas d'attaque aérienne américaine. En l'an 2000, notre guide nous explique, le plus sérieusement du monde, « qu'en cas de raid aérien, la population doit se réfugier dans des abris prévus pour tout le monde, dans le métro, les caves, les centres de travail, etc. » Il croit vraiment à cette possibilité d'agression.

A la question de savoir s'il y a eu des purges au cours des dernières années, la réponse est que l'on n'emploie pas ce mot en Corée. On parle d'« élimination d'espions à la solde de la Russie, des Etats-Unis ou d'autres ». On cite l'exemple d'un fonctionnaire dont on a découvert les activités contre-révolutionnaires pendant qu'il était à l'étranger. Il y a quelques années, il y a eu de violentes exclusions du parti mais le sujet est tabou, il n'est jamais abordé dans la presse. « Purge est un mot que l'on n'utilise pas ici. Ces personnes voulaient contaminer l'esprit et la mentalité du peuple coréen. Le parti a pris des mesures audacieuses à cette occasion ». On ne parle pas de camps, mais de centres d'éducation. Dans une remarquable improvisation, le responsable des traducteurs nous raconte l'anecdote suivante : « Hier, à la télévision, à l'occasion du 25 avril, jour anniversaire de l'armée, on a pu voir le camarade Kim Jong Il, notre cher dirigeant, visitant des troupes de l'armée populaire de Corée, en particulier un régiment qui est en manœuvre à l'endroit où était établi le quartier général du front et d'où Kim Il Sung dirigeait les opérations militaires pendant la guerre de libération nationale. Notre cher dirigeant, Kim Jong Il, a encouragé les soldats. Il leur a demandé de bien faire l'entraînement pour bien défendre la sécurité du pays et il leur a donné des jumelles et des mitrailleuses en guise de souvenir. » Il avait l'air totalement séduit et honoré de cette nouvelle. Soit il y croit, soit c'est un excellent comédien !

Malgré notre demande répétée de voir des marchés, il ne sera pas possible d'en visiter alors que l'on sait qu'il existe de nombreux clandestins. On nous emmène dans un grand magasin au centre ville qualifié de « department store » ! Il s'agit visiblement du magasin où l'on emmène tous les étrangers. On y trouve plusieurs articles de très médiocre qualité comme des frigos et des téléviseurs extrêmement chers. Nous y croisons plusieurs personnes qui étaient dans l'avion avec nous. Sur notre insistance, nos guides finissent par nous emmener dans un autre grand magasin de six ou sept étages au centre ville. C'est la fin de l'après-midi et nous pensons que le magasin a été ouvert spécialement pour nous. Tous les vendeurs sont à leur place mais il n'y a littéralement aucun client. Les escalators ne fonctionnent pas. Il y a pas mal de choses mais tout est extrêmement cher. Avec l'absence de clients, les vendeuses à leur poste et la musique d'ambiance, le tableau est parfaitement surréaliste.

Voici quelques prix relevés sur les étiquettes :

- une bouteille d'eau : 0,5
- un petit vase : 6
- une serviette : 7
- des pantoufles : 25
- des souliers : 25
- des souliers un peu plus sophistiqués : 31
- un réveil : 35
- des chemises : de 32 à 80
- une petite robe : 41 à 50
- un pantalon : 93
- une tunique d'enfant : 114
- une tunique : 118
- une robe de soie : de 116 à 214
- un pull pour enfant : 134

- une veste pour homme : 135
- une poêle : 150
- un costume deux pièces : 320
- une veste : 378

Le salaire moyen serait de cent wan. Il faudrait en affecter environ dix au loyer. Un chauffeur de taxi gagnerait environ quarante wan par mois, un haut fonctionnaire dans un ministère cent cinquante. En ville, chaque famille recevrait des céréales, mais en quantités insuffisantes pour couvrir les besoins.

Grande manifestation d'un million de Pyongyangeois au jour commémoratif de la fondation de la RPDC (le 9 septembre 1948).

A la ferme

A de nombreuses reprises le long des routes, nous apercevons des groupes de travailleurs cultiver les champs à mains nues. Ils sont toujours accompagnés de trois ou quatre drapeaux rouges qui flottent au vent. D'après Kim, l'interprète en chef, « c'est pour donner de l'allure, de l'entrain et de la bonne humeur aux travailleurs pendant le travail révolutionnaire ».

A nos questions sur la politique agricole et l'alimentation, notre interprète répond : « Notre cher général, Kim Jong Il, a dit que c'est sa volonté de donner une nouvelle physionomie à la campagne de notre pays. Le mot d'ordre de notre cher dirigeant est d'abord d'élever massivement des chèvres, des poules et des lapins. Ensuite, il a affirmé que les terrains étaient trop petits pour l'irrigation et la culture et qu'il fallait faire des grandes parcelles. On a commencé par certaines provinces ». C'est la raison pour laquelle sur la route nous croisons deux bulldozers antiques qui sont en train d'anéantir les petites parcelles pour en faire de plus grandes. On imagine sans peine les dégâts d'une telle politique volontariste basée uniquement sur l'inspiration du cher dirigeant et sans aucune base scientifique. Kim Jong Il a donc décidé d'une politique qui vise à augmenter la taille des parcelles pour permettre la mécanisation : on se demande bien comment puisqu'il n'y a que quelques tracteurs et bulldozers, qui semblent tous dater des années soixante-dix, sans parler de la pénurie de gasoil. Selon notre traducteur, Kim Jong Il est allé lui-même diriger les travaux de déblaiement puis il a écrit une œuvre personnelle intitulée : « Le déblaiement des terres, grande tâche révolutionnaire » !

Chaque ferme doit produire un quota fixé par l'Etat ; quand ils cultivent davantage, les paysans peuvent garder le surplus mais le quota de l'Etat est prioritaire. Nous demandons pourquoi la Corée du Nord n'a pas adopté les mêmes politiques agricoles que la Chine et le Vietnam qui ont permis une augmentation de la production et de la productivité au point que ces pays sont désormais quasiment autosuffisants. Réponse : « Tant mieux pour eux, chacun peut suivre sa voie. Je vous garantis que chez nous cela va donner un jour quelque chose. Bien sûr, nous passons par des moments difficiles mais c'est aussi à cause de la guerre et c'est le peuple qui a choisi le système socialiste. En dernière analyse, c'est le peuple qui décide. »

Nous lui demandons comment les villes sont ravitaillées ? « Les rations varient en fonction des arrivages alimentaires. Cela change chaque mois. Pour le moment, on reçoit de quoi se nourrir pendant quinze à vingt jours. Avant, c'était davantage. On mange moins et on se débrouille. Il y a aussi un système de coupons. » Lorsque l'on demande à voir comment ce système est organisé, Kim nous répète sa phrase favorite : « Mais êtes-vous une mission parlementaire ou une inspection parlementaire ? »

Puisque nous avons demandé à voir une ferme, on va nous en montrer une. Nous sommes l'avant-dernier jour du voyage. En route, nous nous arrêtons à un passage à niveau, un train passe : rien de plus banal. Pourtant après six jours dans le pays, nous sommes devenus complètement paranoïaques et nous nous demandons si tout n'a pas été fait pour que ce train passe précisément à ce moment-là !

A l'entrée de la ferme en question, deux rangées d'arbustes décoratifs sont plantées de part et d'autre de la route. Il est clair que nous sommes dans l'établissement modèle visité à des centaines de reprises. Le grand leader s'y est évidemment rendu. Alors que le reste de la ferme est minable et délabré, un hectare environ est consacré au monument : une stèle avec les instructions que le grand leader a laissées et deux maisonnettes impeccables qui servent de musée, de même que les pelouses, en bien meilleur état que les champs. En fait, c'est la seule partie de la ferme qui semble correctement entretenue, un peu comme si au milieu d'une ferme abandonnée du Limousin, il y avait un superbe gazon anglais.

Il n'y a que trois ou quatre paysans dans les champs. Aucun tracteur, aucun matériel agricole. En revanche, un haut-parleur nasillard de très mauvaise qualité diffuse à haut débit des slogans « sur les nouvelles méthodes scientifiques de l'agriculture » et « l'arrivée du printemps ». C'est surréaliste.

Tout est préparé pour notre visite . On commence par visiter le dispensaire où l'on s'aperçoit vite que les boîtes de médicaments rangées sur les étagères étalées en grand nombre, sont vides. A l'entrée, des prospectus en anglais pour des médicaments ou des herbes médicinales ont été posés en évidence sur une table. On y trouve un produit pour l'hypothalamus ou encore un élixir de vie pour rajeunir, fabriqué en Corée et qui améliore la mémoire, la vue et les fonctions sexuelles ! Ces brochures sont accompagnées de notices scientifiques détaillées et cela à l'entrée d'un dispensaire soi disant tout à fait normal ! En réalité, il y a une pénurie généralisée de médicaments. Un nouveau slogan du parti est d'ailleurs : « mieux vaut prévenir que guérir » ! Plus fort encore, juste après la visite, l'un d'entre nous a la bonne idée de revenir sur ses pas et constate que le médecin en blouse blanche porte désormais un uniforme militaire…

Nous visitons un appartement comportant trois pièces parfaitement entretenues. Cependant, la mère et sa fille qui nous reçoivent sont un peu trop bien habillées, quasiment à l'occidentale. Tout est bien rangé, avec du balatum au sol, des photos de Kim Jong Il et de Kim Il Sung, de la vaisselle, des bols et des casseroles en abondance. Le mari est ingénieur, il gagne cent soixante wan par mois et l'épouse qui travaille à « l'équipe des champignons » en gagne quatre-vingt-dix. Ils recevraient cinquante six kilos de maïs par mois pour nourrir trois personnes. En fait, elle nous explique que la ferme doit donner à l'Etat la quantité prévue dans le plan et que les habitants peuvent garder le surplus. Elle nous montre aussi sa carte d'approvisionnement qui donne droit à une série de produits, par exemple de la pâte et de la sauce de soja, du sel, des cigarettes, des sortes d'allumettes, des bonbons, du dentifrice, des brosses à dents, des chaussures, etc. Elle admet que beaucoup d'articles manquent souvent. Elle reconnaît également que très souvent il n'y a pas d'électricité, sauf parfois pour la télévision le soir. Sa petite fille d'une dizaine d'années porte un anorak rouge qui semble sorti tout droit d'une boutique de mode parisienne. Pas un seul autre enfant dans le village n'est habillé de cette façon. Et dès que la femme sort de la maison, elle s'empresse de chasser deux autres jeunes enfants qui passaient par-là et qui sont, eux, nus pieds, sales et dépenaillés. La seule question amusante (que le traducteur ne posera pas) est de savoir si elles peuvent écouter les radios de Corée du Sud. Le chef des traducteurs répond sèchement : « Cela n'est pas possible et ce n'est pas nécessaire. »

Un paysan décharge une charrette aux roues cerclées de métal et dépourvues de pneus, tirée par un bœuf totalement décharné. Des slogans sont écrits un peu partout : « En avant pour les trois révolutions ». En fait, cela ne ressemble pas du tout à une ferme. A côté des bâtiments collectifs, les habitations sont constituées de petits blocs de HLM, comme on en voit un peu partout en Corée du Nord.

Par les occidentaux expatriés, nous apprendrons qu'il y a seulement 70.000 tonnes de fertilisants disponibles pour le pays alors qu'il en faudrait 700.000. Le rendement à l'hectare pourrait être huit fois plus important ! Le chef de l'unité le reconnaît d'ailleurs. Les fertilisants et les engrais manquent cruellement et ces produits arrivent du niveau central en fonction du cycle de fabrication qui n'est pas toujours adapté à celui de la ferme. Mais le niveau de production de la ferme est déterminé par l'Etat et, bien entendu, l'année dernière, il a été dépassé.

«Les membres de mon corps sont broyés. Mais ma détermination de vengeance contre l'ennemi a centuplé. Je montrerai la combativité inflexible d'un membre du Parti du Travail de Corée et la volonté inextricable solidement cimentée pour le Leader et le Parti!»

Kang Ho Yeung, héros de la République

Des « calamités naturelles » et de l'aide internationale

Selon que l'on parle aux autorités ou aux quelques expatriés présents à Pyongyang, le tableau de l'aide internationale varie fortement.

Le vice-ministre des Affaires étrangères parle parfaitement le français mais préfère s'exprimer en coréen. « Depuis 1995, le pays dépend en partie de l'assistance de la communauté internationale. Pour plusieurs raisons, la pression internationale sur la Corée est sans précédent. D'abord, depuis 1990, le dérapage (sic) du système socialiste en URSS et en Europe de l'Est a conduit à la fin du système de troc. Ensuite, de 1995 à 1999, des calamités naturelles sans précédent ont frappé le pays : inondations, sécheresse, raz-de-marée ont eu des conséquences négatives et néfastes, accompagnées de manœuvres d'isolement et d'étouffement du pays, suivies par un embargo et des sanctions économiques, notamment de la part des Etats-Unis. »

Avant 1990, le pays était, paraît-il, autosuffisant sur le plan alimentaire. Il produisait entre sept et huit millions de tonnes céréales et, les bonnes années, dix millions. L'objectif était d'en produire quinze millions et les Coréens exportaient également des vivres vers le tiers-monde. Depuis, il y a un problème de disette – c'est le premier et le seul interlocuteur qui emploiera ce terme – les besoins alimentaires sont estimés à six millions de tonnes mais les infrastructures ont été détruites dans les campagnes. En 1999, le pays aurait produit 4,2 millions de tonnes, mais il manquerait encore au minimum 1,2 million de tonnes par an.

Nous interrogeons le vice-ministre sur le départ d'ONG comme Oxfam, Action internationale contre la faim ou Médecins Sans Frontières. « Ces organisations n'ont pas respecté les us et coutumes de la Corée du Nord. L'assistance humanitaire est une chose mais la sécurité du pays est autrement plus importante. Ces personnes doivent respecter les règlements et les traditions de la population coréenne. Les ONG doivent respecter la culture de notre pays et surtout notre dignité, ce qu'elles n'ont pas fait. Ils ne veulent pas reconnaître la sensibilité idéologique de notre population. Ils voulaient tout contrôler et surveiller la population. Notre population n'est ni pauvre, ni misérable même si nous avons besoin d'assistance humanitaire. Il n'y a pas eu de problèmes avec d'autres organisations et moi-même, à titre personnel, j'utilise parfois de l'aide humanitaire, mais il ne faut pas se cacher que, sous des prétextes humanitaires, des forces cachées sont hostiles à notre révolution. »

Le ministre insiste sur le fait que la Corée n'a pas de problèmes avec les autres organisations, que les problèmes avec les ONG qui sont parties étaient liés à la situation générale de sécurité du pays et à la dignité du peuple coréen. Il répète que de nombreuses forces, y compris parmi les organisations non gouvernementales, sont hostiles à la Corée du Nord. Il nous invite à nous faire une idée par nous-mêmes en nous citant un autre proverbe coréen : « Il vaut mieux voir une fois que d'entendre cent fois ». En fait, nous ne pourrons rien voir et nous ne pourrons pas aller dans les zones de famine.

Selon lui, les forces que doit affronter la Corée du Nord sont terribles car, par le canal de l'aide humanitaire, comme par le canal de l'inspection nucléaire et par celui de différentes institutions internationales, tous se liguent contre la Corée. « La situation militaire est si sensible que nous ne pouvons pas nous dévoiler entièrement ». Sans qu'il s'écarte jamais de la ligne officielle, on sent cependant un personnage un peu moins fermé que les autres, qui a fréquenté des étrangers. Nous apprenons qu'il a vécu longtemps en France.

Les quelques expatriés présents à Pyongyang ont une toute autre image de la Corée du Nord. Ils vivent dans un quartier spécial, gardé par des forces de police. Aucun Coréen n'y habite, seul le personnel coréen a le droit d'y aller pendant la journée en montrant patte blanche. Les étrangers vivent en vase clos, sans aucun contact avec la population. Quand ils se déplacent dans le pays – toujours avec un guide-interprète – ils ne peuvent ni sortir de leur hôtel le soir ni se promener dans les rues. Nombreux sont ceux qui sont déjà partis, écœurés par le système. Tous ceux qui restent s'interrogent sur l'utilité de leur présence et de leur travail. Certains ont de véritables problèmes de conscience. Servent-ils à quelque chose ? Sont-ils là pour aider les habitants ou pour cautionner la politique criminelle du régime et la consolider ?

La Corée du Nord a fait appel à l'aide internationale en 1995 après des inondations exceptionnelles, suivies de deux années de sécheresse. Cinq ans plus tard, la crise est devenue structurelle, d'autant plus que le régime n'a aucunement l'intention de suivre le modèle agricole de la Chine et du Vietnam, qui a changé de façon spectaculaire la situation alimentaire. Le gouvernement nord-coréen considère, sans doute à juste titre, qu'une telle évolution est trop dangereuse du point de vue idéologique. Selon eux, il s'agit d'une perversion du système socialiste. En attendant, le peuple connaît la disette ou la famine. En 1998, le gouvernement a accepté que l'UNICEF effectue une enquête nutritionnelle. Les résultats furent catastrophiques. Depuis, le régime refuse toute nouvelle enquête indépendante. Les associations internationales n'ont donc aucune idée de la situation nutritionnelle réelle de ceux qu'elles sont censés aider. De plus, elle n'ont pas accès à une série de provinces qui couvrent environ un quart du pays et il s'agit souvent des zones les plus défavorisées au plan agricole.

Toute l'aide internationale repose donc sur une fiction. L'assistance est surtout fournie par une agence des Nations-Unies, le Programme alimentaire mondial (PAM), dont c'est le plus important programme en cours à travers le monde. Son contrôle sur les vivres s'arrête au niveau des ports où la nourriture est déchargée. Ensuite, la distribution est prise en charge par le « système public de distribution » (PDS). En fait, il ne s'agit pas vraiment d'une aide alimentaire au sens où les associations humanitaires l'entendent généralement, même si des centaines de milliers de Coréens (mais lesquels ?) en bénéficient, il s'agit plutôt d'une aide à la stabilité du régime.

En théorie, les organisations peuvent faire des visites de contrôle. Si elles se rendent à l'improviste sur les sites de distribution, ce qui est déjà exceptionnel, les enfants qui devraient être les bénéficiaires du programme ne sont jamais là. « On nous dit qu'ils sont en pique-nique ou à la montagne ou en cure ou en visite au musée, des enfants de deux ans ! », témoigne une Européenne ; « normalement, nous devons prévenir plusieurs jours à l'avance pour effectuer la visite d'un centre de distribution. Dans ce cas, l'organisation est toujours trop parfaite, le nombre d'enfants correspond exactement, à l'unité près, à ceux qui figurent sur les listes. Mais si vous regardez si le four a servi, vous constatez qu'il est froid et qu'il n'y a pas de cendres. Alors, l'officiel de service prend, soit un air autoritaire borné, soit me fait un sourire entendu. Tout contrôle indépendant un peu sérieux de nos donations s'avère impossible à faire. Dans aucun autre pays au monde on n'accepterait cela, mais personne n'a intérêt à ce que la Corée du Nord s'effondre du jour au lendemain, tant pis pour les petits Coréens. »

« Alors que le peuple meurt de faim et lutte pour survivre, notamment en déboisant toutes les forêts pour se chauffer, le régime poursuit la construction de nouvelles autoroutes sur des terres très fertiles ainsi que d'autres travaux gigantesques. Nous avons vu des Coréens, par équipe de dix, en espadrilles, par moins quinze ou moins vingt degrés, dégager une route à la main pour enlever la glace ! Des dizaines de milliers de personnes travaillent sur la nouvelle autoroute de Nampo construite à la gloire de Kim Jong Il. »

Selon plusieurs témoignages, les enfants sont dans une situation terrible. « On regarde un enfant qui a l'air d'avoir dix ans et on nous dit qu'il en a quinze. Ils sont maigres et ont le regard vide. Ceux d'entre-nous qui ont été en Corée du Sud voient à l'œil nu la différence énorme entre un enfant du même âge au sud et au nord. La plupart travaille dans les champs, dès huit ou neuf ans. Les crèches ne sont jamais chauffées et les enfants sont pieds nus par moins dix degrés. »

Lors de la visite de la maternité de Pyongyang , un médecin nous avait expliqué qu'il y avait de graves problèmes de stérilité pour les femmes et que le poids de naissance des enfants diminuait. Il y a de nombreux cas de marasme ou de kwashiorkor, signes de dénutrition très grave. Une expatriée nous raconte qu'elle a vu un enfant minuscule de cinquante à soixante centimètres avec des cheveux blonds – signe typique d'une malnutrition sévère – et qui ressemblait à un squelette. Elle demande son âge et on lui répond quatre ans. Elle est convaincue qu'il s'agit d'une erreur que l'enfant a quatre mois, alors qu'il avait bien quatre ans. Pour elle, c'est ce système politique criminel et inhumain qui est entièrement responsable de cette situation. Pour les autorités la sécurité de l'Etat est plus importante que la sécurité alimentaire. Toutes les décisions sont prises au niveau central, les autorités locales n'ont aucune autonomie.

Notre Européenne poursuit : « Pyongyang, c'est au sud de la Corée du Nord, mais dans le nord il fait jusqu'à moins vingt et moins trente degrés, or il n'y a aucun équipement pour le froid. Sur la route, on croise des gens dans des camions ouverts, le visage crispé de douleur. Et lorsqu'on les voit travailler, ils tremblent littéralement de froid et n'ont aux pieds que des espadrilles ou des chaussures en plastique. Les gens font aussi des dizaines de kilomètres pour ramener un peu de bois pour se chauffer. Ils doivent aller de plus en plus loin et la dévastation des forêts a des conséquences économiques et écologiques graves. Les inondations ne sont pas seulement des catastrophes naturelles comme l'affirme le régime. Le système de santé est dévasté. Dans les hôpitaux, il n'y a strictement rien ; dès lors la plupart sont vides. Le taux de mortalité infantile doit être effrayant, mais on n'en a pas la moindre idée. Tous les chiffres officiels sont faux et on n'a pas le droit de faire des enquêtes ».

« Depuis des mois que nous sommes là, il nous a été impossible d'avoir une discussion personnelle avec un Coréen, tout est sous contrôle. Il ne reste que quatre ONG européennes et quelques américaines, toutes les autres comme MSF sont parties car les conditions minimales d'accès aux victimes et de contrôle des secours n'existent pas. »

Un autre témoin explique le détournement du charbon payé par la Commission européenne, qui est importé de Chine pour le chauffage. Environ la moitié disparaît. Lorsque les fonctionnaires européens font une inspection prévue d'avance, la quantité exacte, au kilo près, qui doit être livrée à tel endroit est là. « Cela en est presque touchant de naïveté, mais c'est rigoureusement impossible dans la pratique. En fait, dans ce pays, tous les chiffres sont faux et ne veulent rien dire. Personne n'a la moindre idée de la production agricole réelle. On est seulement certain que le PAM délivre 650.000 tonnes de céréales dans les ports dont 85% viennent des Etats-Unis. »

Sous couvert d'anonymat, un représentant d'une organisation internationale me dit : « Que représentent 200 à 300 millions de dollars pour donner à manger aux Coréens. Il n'y a aucun problème éthique à cela. Et d'ailleurs la rude vérité, c'est que le chantage nucléaire de la Corée du Nord a fonctionné. Il ne faut pas chercher plus loin. »

Pour les ONG qui travaillent dans d'autres secteurs que l'aide alimentaire, la situation est tout aussi aberrante. Les systèmes de distribution d'eau ne fonctionnent pas, ils sont archaïques et ne sont pas entretenus depuis plusieurs années. Ainsi Oxfam qui, comme MSF, a aussi quitté le pays, pouvait fournir de l'assistance matérielle dans le domaine des puits et de la distribution d'eau, mais ne recevait jamais l'autorisation de pouvoir tester la qualité de celle-ci !

Un autre volontaire raconte : « Le régime apprend aux Coréens depuis leur plus jeune âge que l'étranger, c'est l'ennemi. Quand nous sommes arrivés il y a un an, nombreux sont ceux qui avaient des gestes de peur en nous voyant (fuir ou se mettre les mains devant les yeux). Maintenant dans les endroits où nous allons régulièrement, ils se sont habitués à notre présence et nous saluent ou nous sourient. Mais c'est un peuple totalement conditionné, je dirai même plus, lobotomisé. Depuis leur plus jeune enfance, les Coréens entendent parler du grand leader et de rien d'autre. Il n'y a aucun contact avec l'extérieur, il n'existe qu'une seule télévision, les radios ne permettent que d'écouter la chaîne nationale et il n'y a pas d'accès à Internet, sauf pour quelques organisations étrangères à travers une connexion avec Pékin. De plus, la population n'a aucune liberté de mouvement à l'intérieur de la Corée, en dehors de sa ville ou de son village natal. De source fiable, il m'a été rapporté que les réfugiés qui sont passés en Chine poussés par la faim ne critiquent pas le régime, mais mettent leur détresse sur le compte des calamités naturelles. Aucun ne critique le grand leader, tant manquent les points de référence. Dès leur plus jeune âge, on apprend aux jeunes Coréens que le grand leader est le soleil de leur vie et que sans lui ils ne pourraient pas vivre. La notion de propriété privée, par exemple, même pour des objets élémentaires, est totalement inexistante. »

La plupart des Européens et des Américains justifient leur présence en affirmant que, sans aide internationale, le peu de récoltes irait à l'armée et que la population serait encore plus démunie. L'exemple des fertilisants illustre les impasses de l'aide internationale. Le pays n'en produit quasiment plus. L'aide internationale en fournit 100.000 tonnes là où il en faudrait sept fois plus. Que faire ? Augmenter les donations de fertilisants ou investir dans les usines locales pour en fabriquer quand, dans le même temps, la Corée du Nord refuse toute réforme agricole à la chinoise et à la vietnamienne. Et que le grand dirigeant poursuit sa politique délirante de destruction des petits lopins pour en faire de plus grands pour « développer la mécanisation », alors qu'il n'y a ni fuel, ni pièces de rechange ! Et qu'il construit une autoroute à sa gloire sur les meilleures terres du pays ! L'aide est une goutte d'eau qui tombe dans un gouffre sans fond.

Panmunjom, la frontière avec le Sud

Nous quittons Pyongyang à huit heures du matin. Des dizaines de milliers de personnes marchent dans la ville. Pas de voiture, pas de bus, c'est tout un peuple qui déambule. Environ un passant sur quatre est un militaire en uniforme. A la sortie de la ville, des centaines d'ouvriers construisent un nouveau monument à la gloire du grand leader. Ce sera le seul chantier en activité sur les 168 kilomètres de trajet. Toutes les usines, sans exception, semblent à l'arrêt. On en croise des dizaines. Le pays a dû être un jour industrialisé, il ne l'est plus.

Une fois sorti de Pyongyang, on s'aperçoit aussi, comme lors de l'excursion au « musée de l'amitié internationale », que la route est inaccessible à la circulation locale. On s'arrête près d'un village traditionnel. Il paraît qu'il va disparaître dans quelques années pour être remplacé par des immeubles et ainsi « gagner de la superficie agricole ». C'est l'absurdité totale. Il ne reste déjà plus beaucoup de ces villages, dans quelques années, il n'y en aura plus aucun ! On voit aussi ces fameux drapeaux rouges dans les champs.

Vers 9 h 30, avant d'arriver à Kaesong, nous croisons des centaines d'enfants, peut-être un millier, qui travaillent le long de la route. Ils sont répartis de chaque côté sur deux kilomètres en train de refaire les parterres de fleurs ou d'enlever les mauvaises herbes. Ils sont dans le froid, sous la pluie et dans la boue, certains avec des petites bottes, mais la plupart en espadrilles, en habit de training et sans anorak. Au retour, lorsque nous repasserons, vers 16 h 30, ils seront toujours là, alors qu'il a plu presque toute la journée. Ils sont donc restés au moins sept heures sous la pluie ! Comment peut-on laisser faire une chose pareille ?

La route est droite et passe entre les montagnes, il n'y a quasiment aucun virage. Lorsqu'une montagne se trouve sur le trajet, elle est creusée. On arrive près de Panmunjon dans la zone démilitarisée. Du côté nord, on ne voit pas beaucoup de fortifications ou de canons, sauf quelques blocs de béton prêts à basculer pour bloquer l'invasion des chars ennemis. La Corée du Nord veut donner une image pacifique : il y a moins de militaires à la frontière que dans la capitale Pyongyang.

On visite les bâtiments des pourparlers d'armistice. Selon le colonel qui nous guide, la guerre a été déclenchée le 25 juin 1950 par les forces américaines. L'armistice et les pourparlers ont été proposés par l'Amérique. Le 25 octobre 1952 marque le début des pourparlers qui ont duré deux ans et ont fait l'objet de 158 discussions principales. Les tables et les chaises sont d'origine. Le camarade, cher dirigeant bien aimé Kim Il Sung, est venu ici à plusieurs reprises. C'est donc un bâtiment historique à double titre. Nous faisons remarquer à notre guide que les livres d'histoire de notre pays mentionnent que la guerre a été déclenchée par les forces nord-coréennes. « Ce sont les Américains qui ont commencé la guerre. Il est impossible d'imaginer que la Corée du Nord, deux ans après sa libération, avait une armée suffisamment puissante pour attaquer le sud et les Etats-Unis. C'est inconcevable, même les enfants peuvent comprendre cela. »

Nous arrivons sur la ligne de démarcation proprement dite, là où Nord- et Sud-Coréens se font face depuis cinquante ans et se regardent en chien de faïence. Du côté nord, la première chose que l'on voit c'est une stèle en hommage à Kim Il

Sung, le grand leader. Le colonel est très fier de nous annoncer que le dernier document qu'il a signé de son vivant était un document concernant la réunification. « Jusqu'au dernier souffle de sa vie, il s'est consacré à la réunification pour la léguer à la postérité. Le respecté général Kim Jong Il a fait édifier cette stèle reproduisant cette dernière signature de la vie du vénérable Kim Il Sung. » Toujours la mythologie. Le bâtiment du Nord fait face à celui du Sud, beaucoup plus moderne fait de verre et de métal alors que celui du Nord est en béton armé. Les deux structures semblent un raccourci des deux républiques. On nous prévient que l'on est dans « une zone où l'on peut s'attendre à n'importe quelle éventualité ». On ne peut pas faire de gestes qui pourraient passer pour de la provocation. La ligne de démarcation est devant nous, nous sommes à quelques mètres à peine des soldats sud-coréens. Ils n'ont pas l'air très engageants non plus avec leurs petites lunettes noires, leur casque et leur air agressif. On peut faire une photo avec le Sud derrière soi. Je m'approche un peu trop près de la ligne et reçoit un violent coup dans le dos d'un officier nord-coréen. Ceux qui travaillent ici doivent être triés sur le volet. Les officiers qui nous font la visite guidée parlent comme si nous étions encore en pleine guerre de Corée. On a l'impression de revenir cinquante ans en arrière et d'être plongé au milieu d'un engagement crucial !

Puis, on nous emmène voir la fameuse muraille construite par la Corée du Sud, le mur de la honte, selon nos interlocuteurs. On le voit en effet mais il y a malgré tout aussi une clôture du côté nord. Devant le mur, dans la zone démilitarisée qui couvre deux kilomètres de part et d'autre de la ligne de démarcation, les Sud-Coréens ont placé des avant-postes avec des grands panneaux de propagande où, selon nos guides, il serait écrit en très grand : « Ici, il y a une fille et une voiture qui vous attendent ».

On nous emmène vers un salon, identique à tous ceux du pays : une grande pièce avec trois ou quatre petites tables basses au milieu bordées des grands fauteuils à la soviétique. Nos interlocuteurs disent que le Sommet entre les deux Corée est entièrement dû à la politique de vertu et de réunification du général Kim Il Sung selon lequel : « tout homme qui aime la patrie doit s'unir avec les autres pour apporter une solution à la division. » « Dans la perspective du Sommet, tous les soldats de la République populaire de Corée et tout le peuple sont transportés de joie. Cette réunion est une requête officielle de la Corée du Sud. Elle va marquer un tournant radical dans le problème de la réunification de la Corée. » Il ne faut jamais montrer qu'on pourrait céder sur quoi que ce soit ! Il y a toujours cette obsession de montrer que l'on ne fait aucune concession et que les demandes et les requêtes viennent de l'ennemi.

Peuvent-ils recevoir des lettres du Sud ? « Les problèmes sont dus à la présence américaine en Corée du Sud ». On pose au colonel la question de savoir comment il perçoit le peuple de Corée du Sud, comme des amis, des frères ou des ennemis ? *Réponse* : « Nous sommes issus du même peuple mais les Sud-Coréens sont soutenus par les Américains car ils sont dépourvus de l'âme nationale. Ce sont nos ennemis jurés ».

Retour à Pyongyang et à ses monuments idéologiques

De retour à la résidence, la télévision retransmet un congrès du parti avec au moins mille cinq cents délégués, genre brontosaures ou gérontes brejnéviens. Ils commencent et arrêtent d'applaudir exactement au même moment. C'est assez impressionnant. Ils hurlent des slogans ou lèvent le poing de façon parfaitement synchronisée. Puis, après le congrès, sont diffusées des photos – toujours prises de loin, jamais en gros plan – de Kim Jong Il en visite d'inspection mais on ne le voit jamais vraiment lui en personne. C'est un mythe, un Dieu vivant qui doit rester irréel pour son peuple.

Les informations, toutes à la gloire du cher dirigeant, sont suivies d'un hymne national chanté par un orchestre militaire, puis d'un film dont les principaux rôles sont également tenus par des militaires. Tous les soirs le programme est quasiment identique. Même lorsque la télévision retransmet des opéras, des militaires tiennent les principaux rôles.

A cause de l'ambiance lourde et pénible, on finit par oublier comme cette ville Pyongyang est belle par endroits avec ses monuments impressionnants – à défaut d'être gracieux – ses parcs, ses fontaines d'eau. Les agents de police qui règlent la circulation de Pyongyang sont toutes des femmes, la plupart jolies, habillées correctement d'un uniforme bleu et très maquillées. Au milieu des carrefours, elles sont au centre d'un cercle, en permanence engagées dans un ballet sur place dont la signification nous échappe. Elles ne restent jamais immobiles dans leur cercle : les pieds ne bougent guère mais le reste du corps est en mouvement perpétuel. C'est joli et assez spectaculaire.

Le monument aux idées du *juché*.

Haut lieu du régime, le monument aux idées du *juché* est constitué d'une haute tour en pierre surmontée d'un flambeau rouge, éclairée jour et nuit. « Représentant une ardente flamme torsadée, elle a un air a la fois indéfectible et sublime », nous révèle l'équivalent local du guide bleu. C'est un monument à l'honneur du grand leader Kim Il Sung pour son 70e anniversaire, le 15 avril 1982. « Il fallut 25.550 pierres de granit pour le construire ce qui correspond exactement au nombre de jours qu'a vécus le grand leader jusqu'à son 70e anniversaire. Le nombre d'étages multiplié par le nombre de côtés correspond également à l'âge du leader » ! « La hauteur du monument, qui est la plus haute tour en pierre du monde, symbolise la grandeur des exploits idéologiques et théoriques du grand leader. Le flambeau symbolise la fidélité et l'immortalité des idées de Kim Il Sung. »

A l'entrée du monument, une très grande inscription reproduit un poème qui chante les exploits immortels du grand leader et un slogan affirme que les idées du *juché* brillent de tous leurs éclats. Kim Il Sung est le grand soleil du *juché* qui a éclairé l'humanité. Le poème est composé de douze parties pour correspondre à 1912, l'année de naissance du grand leader, sa longueur de quinze mètres correspond au jour de la naissance du grand leader. Ce poème a été écrit sur un seul morceau de granit de trois cents tonnes mis en place d'une seule pièce pour faire la stèle.

Les trois emblèmes du parti, qui sont ici le marteau, le pinceau et la faucille, symbolisent le slogan de l'union du peuple et du parti. De part et d'autre du monument se trouvent trente-cinq fleurs de chaque côté pour un total de soixante dix puisque le grand leader avait soixante-dix ans ce jour-là ! A l'entrée, on trouve quelques plaques déposées par des admirateurs étrangers, entre autres, la ville de Montreuil, le sénateur français Philippe Monchefer, un écrivain Jean Suret Canal et un Belge, Rémi Gillis.

Du haut de la tour, on a une vue panoramique sur Pyongyang. Un des deux côtés de la ville, celui où habite la majorité de la population, est vraiment délabré, sale et vétuste. De tous les côtés, on surplombe des drills militaires ou des groupes de jeunes gens en train de répéter des spectacles de masse. Le défilé est le sport national dans ce pays. Pour une ville aussi importante, il n'y a presque pas de voitures, très peu de mouvement et très peu d'animation en dehors des défilés et des groupes. On aperçoit aussi très bien l'hôtel Ryukyong, un projet délirant de 105 étages et 25.000 chambres – toujours la manie des chiffres –, qui devait être le symbole de la réussite du régime mais qui n'est plus qu'une carcasse de béton à l'abandon avec une grue au sommet. Quand notre collègue Burgeon est venu ici il y a cinq ans, l'hôtel était déjà abandonné, dans cet état, mais notre guide en chef en est néanmoins très fier : « Si un homme devait passer un jour de sa vie dans chaque chambre, il arriverait à l'âge de 76 ans. » Et d'ajouter : « Bien sûr on va le terminer un jour cet hôtel ». En attendant, il surplombe toute la ville et constitue une espèce de raccourci saisissant du régime, un délire gigantesque dans un état de décrépitude total, un peu à l'image de toute la Corée du Nord.

Le musée de la guerre de libération de la patrie

Nous sommes enfin autorisés à visiter le musée de la guerre de Corée, ce qui nous était refusé depuis quatre jours. De toute façon, il y a tellement de salles que l'on peut nous montrer ce que l'on veut.

A l'entrée, il y a un immense tableau représentant l'invincibilité de la nation coréenne, armée autour du généralissime Kim Il Sung. Par un effet d'optique, quel que soit l'angle, ce dernier est toujours au centre du tableau, « qui représente le fait unique au monde que Kim Il Sung a vaincu deux impérialismes en une seule génération, le japonais et l'américain » !

Il y a plusieurs sections comme celle des « atrocités commises par les agresseurs yankees », celle de la défaite de ces derniers, et celle des « machinations visant à provoquer une nouvelle guerre ». On voit des photos ou des dessins représentant des soldats américains déguisés en religieuses en train d'espionner, un prêtre s'apprêtant à poignarder une Coréenne, une église qui est un lieu de contre-révolution. Un autre prêtre attache un enfant à un arbre et écrit sur son front avec un couteau trempé dans son sang le mot « voleur ». On voit différents procédés de torture qui auraient été utilisés par les troupes ennemies : enterrements vivants, femmes enceintes tuées, bombardements avec des bombes de cinq cents ou de mille kilos. Au total plus de 428.700 bombes auraient été larguées sur la Corée du Nord et des armes bactériologiques, notamment le bacille du choléra, auraient été utilisées.

Notre interprète en chef, Kim, ajoute : « On vous montre l'histoire telle qu'elle est. » Dans le plus pure style de la propagande, on nous montre des lettres d'aviateurs américains abattus, reconnaissants qu'ils ont commis des actes criminels inexcusables et impardonnables.

On assiste à une sorte de spectacle mécanique en trois dimensions sur l'héroïsme des chauffeurs qui ravitaillaient l'armée populaire de Corée face aux troupes américaines. Cette représentation met en scène, dans les rôles principaux, Kim Il Sung et, déjà, Kim Jong Il qui n'était alors qu'un enfant. Toute cette longue narration donne l'impression que Kim Il Sung a décidé, en personne, de toutes les opérations militaires. On voit des villes « libérées » où la population remercie Kim Il Sung. « Ses qualités de stratège sont bien connues », selon le guide. « Non seulement les Coréens en parlent mais aussi les stratèges dans beaucoup d'autres pays. » On ne nous parle que des victoires de l'armée populaire, jamais des défaites. Ainsi, un tableau représente la prise de Séoul mais il n'y a aucune allusion à la reprise de Séoul par les forces de l'ONU. Les écoliers qui, par centaines, visitent ce musée doivent avoir l'impression que Séoul est toujours aux mains de la Corée du Nord !

La section des héros de la République montrent les « exploits brillants » comme ceux de Djo Koun Sil qui, les deux bras blessés, tient sa mitrailleuse avec la bouche et dit « tant que mon coeur battra, ma mitrailleuse lourde ne cessera de cracher le feu de la vengeance. Vive le Général Kim Il Sung ! Vive le Parti du Travail de Corée ! », ou ceux de Kang Ho Yeung qui dégoupille sa grenade avec sa bouche puis s'écrie : « Les membres de mon corps sont broyés. Mais ma détermination de vengeance contre l'ennemi a centuplé. Je montrerai la combativité inflexible d'un membre du Parti du Travail de Corée et la volonté inextricable solidement cimentée pour le Leader et le parti ! ».

La cité Kwangbok.

L'avenue Chollima (construction de la deuxième étape).

Le film du 50e anniversaire de la révolution

A trois reprises, des films de propagande nous seront projetés. Le troisième, surtout, celui sur le 50e anniversaire, nous a tous fortement marqués.

Le premier concerne la guerre de Corée et est la prolongation de la visite du musée. Nos guides vivent encore comme s'ils étaient en 1950, en pleine guerre. On montre les bombardements américains. Cette fois, c'est le chiffre de 460.000 bombes qui est avancé. On affirme que les Américains ont utilisé des bombes bactériologiques, on voit des enfants, des hôpitaux et des crèches détruits par les bombardements. Mais, sous la direction éclairée de Kim Il Sung, la Corée s'est relevée et le peuple, dressé comme un seul homme autour de son cher leader, s'est levé pour reconstruire Pyongyang et en faire une ville modèle. Le peuple a tout de suite compris la supériorité et les avantages du socialisme pour l'édification d'une nation prospère. Grâce à la vision éclairée de Kim Il Sung, Pyongyang a pu être reconstruite. Tout cela est dit avec une voix « révolutionnaire », ardente et dynamique.

Dans la lignée du précédent, le second film est censé illustrer le contraste entre Pyongyang ravagée par les bombardements américains, après la guerre en 1953 et la capitale d'aujourd'hui. Le mérite en revient bien évidemment à Kim Il Sung et Kim Jong Il. L'ensemble tend à donner une image de bonheur permanent en montrant les réalisations extraordinaires du régime en matière de construction, d'industrie et de sciences, tout cela malgré l'hostilité des Etats-Unis.

Le troisième film, de loin le plus impressionnant, est consacré à la cérémonie de commémoration du 50e anniversaire de la révolution qui s'est déroulée en 1998 sur la place Kim Il Sung. Comme l'explique le guide officiel de la capitale, celle-ci « s'étend sur 75.000m^2, c'est pour ainsi dire la place de la parade nationale ».

Cette projection, d'une durée d'une heure, est entièrement consacrée à la gloire de et à la dévotion du peuple à Kim Il Sung et de Kim Jong Il. Il s'en dégage un sentiment de vénération et d'idolâtrie absolues. La première chose qui frappe est que Kim Jong Il apparaît beaucoup plus vieux que sur toutes les photos officielles, idéalisées et retouchées. Il a la face bouffie – peut-être sous l'effet de la cortisone – un visage sans aucune classe, ravagé, amorphe, couvert de tâches, avec des cernes gonflées sous les yeux et un corps mou avec un ventre bedonnant. Sur les rares plans de profil, son embonpoint se profile nettement et il est bien le seul dans ce cas. C'est la seule « vraie » image que nous verrons de lui au cours du séjour. Le film doit être à l'usage des étrangers car on peut douter que le régime prenne le risque de montrer son cher dirigeant, soleil de la Corée, sous un aspect humain aussi pathétique.

Le film qui évoque « le soleil éternel de l'époque du *juché* » n'est en réalité qu'une interminable succession de louanges d'où se dégage une impression de fanatisme accentuée par la voix des commentateurs : des voix militantes, stridentes, emportées ou larmoyantes selon les scènes et qui collent parfaitement aux images.

Des généraux arrivent dans de vielles Mercedes noires décapotables, qui font penser au régime nazi, et passent les troupes en revue. Les militaires sont parfaitement alignés, en carré, couvrant l'immense place et en train de vociférer des slogans et des louanges aux deux leaders. Puis les soldats défilent au pas de l'oie devant une effigie de Kim Il Sung et devant son fils. « Ils s'engagent à faire de la patrie une forteresse inexpugnable. La puissance de l'armée populaire de Corée est due à la vision éclairée du cher dirigeant, le camarade Kim Jong Il. Les colonnes de parades se succèdent, gagnées par la fierté et la joie d'être reçues en audience (sic) par le cher camarade, Kim Jong Il, et bien décidées à sacrifier leur vie pour la sauvegarde et la défense de la patrie (...) Si on ne tient pas le fusil comme il faut, le Coréen est voué au destin des apatrides (...) Tout le monde doit vivre en tant que soldat dans la ligne idéologique de notre leader vénéré et défendre le bastion du socialisme dans notre pays : voilà la détermination qui se lit sur les visages des participants. Ils sont prêts aux épreuves quand il s'agit d'appliquer les ordres du commandant suprême à l'adresse duquel ils témoignent leur vénération absolue. » En fait de participants, c'est toute la ville qui défile. Il n'y a que trois tribunes, celle de Kim Jong Il, celle des dirigeants du régime – presque tous en uniforme – et celle des diplomates et invités étrangers.

« Nos soldats se perfectionnement tous les jours sur le plan idéologique et spirituel. C'est au bout du fusil que se trouvent la paix de la patrie et le socialisme dans notre pays. » La voix de la commentatrice se fait de plus en plus forte, de plus en plus emportée et enthousiaste. « Les colonnes de la troisième et de la quatrième génération sont bien décidées à suivre l'esprit de la sauvegarde à outrance du quartier général. Nous avons réussi à armer toute la population. » Certaines unités sont entièrement vêtues d'uniformes noirs et font ainsi penser aux SS, surtout une unité d'aviation avec des casques dont le modèle date des années cinquante. L'effet sur notre délégation est terrible.

Puis des dizaines de milliers de civils défilent, construisant en quelques secondes un immense tapis humain rouge et dessinant un immense « 50e ». Ensuite, ce sont « les colonnes de la garde de la jeunesse qui expriment leur confiance dans la victoire définitive ». La foule en délire acclame d'abord une statue de Kim Il Sung puis Kim Yong Il en personne. Cette foule défile dans un délire adorateur mais parfaitement organisé en pleurant, en gémissant autour de la statue du grand leader et en s'extasiant ; les visages expriment un bonheur radieux, devant un Kim Jong Il et des officiels impassibles. L'effet visuel est saisissant.

Des groupes de gens défilent ensuite pour symboliser les réalisations du régime. Ironie suprême dans un pays où il n'y a quasiment pas d'électricité, un gigantesque panneau représente un pylône électrique. « Le président Kim Il Sung » a réalisé cette unité monolithique en ralliant le parti, l'armée et le peuple. Grâce à cela, le peuple s'est affirmé comme le grand maître du pays et du pouvoir ! Sous la direction éclairée de Kim Jong Il, l'armée a conquis l'espace, ce que tous les étrangers nous envient. Tout le pays est rempli de joie d'avoir réussi le lancement du premier satellite artificiel. »

« L'armée est le pilier et la force motrice principale de la révolution. De la puissance de l'armée dépendra le succès de la révolution. (...) Les colonnes sont armées de l'esprit de sacrifice et celui de bien appliquer la volonté du parti et du respecté général Kim Jong Il. Le peuple coréen est vraiment convaincu de son avenir radieux avec à sa tête le respecté général, inspiré par les idéaux du respecté général Kim Il Sung qui est le ciel et le soleil du XXIe siècle. Il existe une unité monolithique entre le leader et les masses populaires.

Le peuple lui exprime sa vénération brutale et absolue, voilà le but du défilé qui s'est tenu à l'occasion de 50e anniversaire. Tous les participants ont exprimé le sentiment de longue vie à Kim Jong Il, réincarnation de Kim Il Sung, fondateur de la glorieuse République de Corée. La parade militaire a révélé dans son plein éclat la volonté unanime du peuple coréen à continuer sous la direction de Kim Jong Il, la révolution de Kim Il Sung. »

« Le peuple éprouve un respect absolu pour son leader et est déterminé à appliquer la doctrine du *juché* dans tous les aspects de la vie sociale. C'est avec une politique d'amour et de vertu que le respecté général a pu développer le pays en une grande puissance économique et idéologique. De génération en génération, le peuple coréen chante son bonheur d'avoir salué son grand leader (...) Le peuple est le ciel, voilà le credo de toute la vie du président Kim Il Sung (...) Dans le cadre de l'esprit et de l'inspiration du leader suprême, tous les travailleurs sont prêts à affronter les épreuves actuelles pour un avenir radieux. Kim Il Sung, notre respecté général, est éternel et son image se répercutera dans l'éternité, c'est le soleil de notre peuple et du XXe siècle. La dignité de Kim Il Sung ne manquera pas de s'irradier à travers le monde entier. C'est un grand bonheur pour le peuple coréen de l'avoir ; il lui fait pleinement confiance sur le chemin de la marche forcée vers le socialisme. Tant que nous sommes dirigés par le respectable Kim Jong Il, inspiré du grand leader Kim Il Sung, nous volerons de succès en succès. La volonté inébranlable de notre peuple de rester fidèle à son parti et à ses dirigeants s'est clairement exprimée à travers les différentes manifestations du 50e anniversaire. »

Preuve d'un abîme entre nos perceptions et celles de nos hôtes, ces derniers ne réalisent pas à quel point une telle projection peut avoir un effet dévastateur sur nos esprits. Ce film nous rappelle les grandes manifestations de Nuremberg et du nazisme triomphant. Après le film un député écologiste me fait, sur un ton à peine teinté d'ironie, cette confidence : « Jusqu'aujourd'hui, j'étais anti-militariste et pacifiste, mais maintenant je comprends pourquoi il faut voter le budget militaire ».

Le lendemain dans la voiture, Kim, le chef des traducteurs, insiste : « Le film d'hier reflète l'univers mental et psychologique de notre pays. » (...) Si nous ne nous inspirions pas des valeurs spirituelles de notre grand leader, nous ne pourrions survivre avec les pays qui nous entourent. C'est le grandiose dessein de notre cher dirigeant de faire de la Corée un Etat prospère et puissant car nous avons une idéologie ferme, une armée puissante et un peuple mûr qui vénère son grand leader ».

Une secte divine

Ce discours délirant, divinisant les deux dirigeants du pays, est confirmé par Yang Hyong Sop, vice-Président du présidium du Parti du Travail de Corée. C'est le plus haut responsable de la hiérarchie que nous rencontrerons. Il est placé assez loin (10e ?) dans l'ordre hiérarchique, mais les étrangers ne sont jamais reçus par les plus hauts dignitaires du régime. Même l'ambassadeur de Suède, le seul ambassadeur occidental en poste à Pyongyang à cette époque, ne voit jamais les véritables dirigeants, et certainement pas le cher dirigeant Kim Jong Il qui n'apparaît jamais ni en public, ni devant les étrangers.

Nous sommes accueillis par une dame en *jogory*, la robe traditionnelle coréenne. C'est un vêtement de cérémonie pour les jours fériés mais le régime encourage fortement les femmes à porter ces robes au quotidien. Photo officielle : il y a un petit banc qui est posé au cas où le Coréen serait trop petit par rapport aux visiteurs étrangers. En se rendant chez ce monsieur, on croise une « manifestation » de travailleurs qui « ont prôné l'exemple dans le mouvement des machines-outils, modèle numéro 26. »

« De nos jours, le peuple coréen vit un moment important et responsable, le 55e anniversaire de la fondation du Parti du travail de Corée, fondé par le grand leader, le président Kim Il Sung et aujourd'hui dirigé par le cher camarade Kim Jong Il qui s'acquitte à merveille du rôle qui lui revient. Vous avez peut-être vu la tristesse et la détresse causée dans le peuple par le décès de notre Président Kim Il Sung à travers la visite du mémorial. Le grand dirigeant camarade Kim Jong Il a réalisé la détresse du peuple qui s'était noyé dans une mer de sang et de larmes suite au décès de Kim Il Sung. Le camarade Kim Jong Il a relevé le peuple coréen qui est aujourd'hui unanime à dire que Kim Jong Il est l'incarnation personnelle de Kim Il Sung. Ce dernier, le grand leader, s'était occupé en personne de toutes les affaires du parti, de l'armée et du peuple depuis trente ans avec Kim Jong Il. Le peuple est très fier d'avoir bénéficié de la guidance imminente de ses leaders de génération en génération. Kim Jong Il a compris à merveille la cause de l'éternité du leader Kim Il Sung et du perfectionnement révolutionnaire. Après le décès inopiné de Kim Il Sung, Kim Jong Il a pris des mesures pour que le visage de soleil de Kim Il Sung soit éternel et immortel. » Il a ajouté « que tout le monde s'arme des idées révolutionnaires de Kim Il Sung. C'est ainsi que l'initiative a été prise d'adopter le calendrier *juchéen* ainsi que la journée du soleil comme journée consacrée au président Kim Il Sung. Le camarade Kim Jong Il a aussi pris l'initiative de conserver le corps embaumé du président au palais mémorial. Kim Jong Il a dit au monde entier qu'il poursuivrait toujours les orientations et la ligne du grand leader Kim Il Sung aussi longtemps qu'il serait vivant. »

« Dans le préambule de la Constitution, nous avons exposé les exploits accomplis par Kim Il Sung et stipulé qu'il est le président éternel de la République populaire démocratique de Corée (RPDC). On a également exprimé la détermination du peuple d'exercer la cause révolutionnaire de Kim Il Sung sous la direction du Parti du travail de Corée. En un mot, Kim Jong Il se consacre entièrement à l'application de la cause révolutionnaire, telle qu'elle a été définie par Kim Il Sung. C'est pour cela qu'il est en train d'éterniser les exploits de Kim Il Sung. »

« Le deuxième point, c'est la direction politique de Kim Jong Il de donner l'importance principale à l'armée. C'est grâce à cette politique de priorité à l'armée que Kim Il Sung, grand leader, a pu faire face aux manœuvres d'étouffement et d'étranglement des forces impérialistes réactionnaires surtout des Etats-Unis. Il a aussi défini une philosophie politique originale dont le thème est que l'armée et le peuple constituent l'Etat et forment le parti. Il a fait de notre armée le pilier de notre révolution et a pris toutes les mesures nécessaires pour le renforcement de nos forces armées. De nos jours, l'armée populaire de Corée (APC) , inspirée de la direction éclairée, de la confiance et de l'amour de Kim Jong Il, constitue le pilier de la Nation et s'acquitte à merveille des tâches de défense de notre pays. C'est grâce à cette politique de priorité à l'armée que nous avons pu forcer les Etats-Unis à négocier et que Clinton a écrit à Kim Jong Il une lettre où il promet un réacteur à eau légère dans la partie nord du pays.

Je crois que vous avez vu les dégâts incommensurables causés à notre peuple par le Japon dans le passé. Dès le premier jour de la libération du pays, le Japon n'a cessé de pratiquer une politique hostile à notre égard. Nous avons demandé au Japon de présenter des excuses officielles pour les crimes et délits commis et qu'il verse des réparations. Le Japon a envoyé une délégation pour proposer des négociations bilatérales. Nous leur avons dit clairement que nous voulions des excuses officielles et des réparations. Ils ont promis d'être à la hauteur de leur tâche historique. Notre point de vue c'est que le changement de position du Japon est dû à la position éclairée du camarade Kim Jong Il accordant la priorité à l'armée. Toutes les négociations avec la Corée du Sud doivent se faire sur la base des trois principes définis par le grand président Kim Il Sung : indépendance, paix et union nationale. De nos jours, le peuple coréen, inspiré de la grande direction du généralissime Kim Il Sung, s'est uni comme un seul homme autour du cher camarade dirigeant Kim Jong Il et s'est engagé dans des grands travaux pour l'édification d'une puissance prospère. Cette grande entreprise peut être résumée par le mot d'ordre : vivre un aujourd'hui pour demain, mais ne pas vivre aujourd'hui pour aujourd'hui, mot d'ordre qui représente l'état actuel de l'inspiration idéologique de notre peuple. Notre peuple est fermement uni autour de son dirigeant bien aimé. Pour conclure, j'espère que vous serez objectifs lors de la présentation de la réalité coréenne, nous avons un proverbe qui dit : voir, c'est croire. »

Une école Potemkine et des enfants-robots

A travers la visite d'une crèche de campagne, de l'hôpital de Pyongyang, lors du voyage à Panmunjom et grâce aux témoignages des expatriés, nous avons une idée de la condition réelle des enfants en Corée du Nord. Cependant, le régime attache la plus haute importance à démontrer son souci de la jeunesse, notamment à travers les visites du jardin d'enfants de Chanwang et du palais des enfants. Kim Il Sung n'a-t-il pas dit : « quand je suis fatigué de l'exercice de mes responsabilités, je rencontre des enfants dans les écoles et, grâce à leur sourire, je récupère rapidement de mes fatigues ».

L'effet produit sur notre délégation sera totalement contre-productif. Le « jardin d'enfants » nous marquera pour le restant de notre vie comme l'aboutissement le plus parfait du totalitarisme, la concrétisation des rêves les plus fous décrits dans *1984* de George Orwell ou dans *Le meilleur des mondes* d'Aldous Huxley. Après ce court séjour dans cette école Potemkine, je n'avais qu'un désir : reprendre l'avion et fuir ce monde au plus vite. Sans la visite de cet endroit, ce livre de dénonciation et de témoignage n'aurait sans doute pas vu le jour.

La première étape est constituée par les incontournables portraits de Kim Jong Il et de Kim Il Sung en compagnie d'enfants. « Le grand leader aimait beaucoup se faire photographier entouré d'enfants. » Toute la visite est parfaitement mise au point, dans une ambiance de spontanéité feinte, afin de laisser la meilleure impression au visiteur. Les enfants sont parfaitement conditionnés à cet effet. Dès que nous pénétrons dans la première classe, ils applaudissent à tout rompre, s'assoient et se lèvent au commandement de la maîtresse et récitent de mémoire avec enthousiasme – important l'enthousiasme dans un régime totalitaire – ce que le professeur leur ordonne. C'est mécanique, précis, discipliné, robotisé alors que ces enfants n'ont pas plus de quatre ou cinq ans. Même les sourires semblent forcés. Les bambins sont au centre du dispositif conçu pour nous et jouent parfaitement leur rôle dans cette grande pièce de théâtre. Qui ne se laisserait pas émouvoir par un tel accueil ? En plus, ils ne sont pas mal nourris, plutôt bien portants, très bien portants même pour certains. Ils sont parfaitement habillés « à l'occidentale », comme si leurs vêtements venaient des meilleures boutiques à la mode. Une petite fille a, par exemple, des longues chaussettes blanches, une autre a une jupe avec de la dentelle, une troisième une robe avec un nounours brodé, certains ont des pulls avec des dessins. Ces vêtements pourraient être ceux portés dans n'importe quelle école française. Les couleurs sont chatoyantes : rouge, bleu, vert, rose, etc. Quel contraste avec ce que l'on a pu voir tous les jours dans les rues de Pyongyang et ce que nous avons aperçu sur la route de Panmunjom où les enfants portaient le même vêtement de training élimé. Lorsque nous nous étonnons de ces magnifiques parures, on nous répond qu'ils ont mis leurs plus beaux vêtements parce que c'est le 55ᵉ anniversaire de l'armée !

Dans une classe d'enfants de quatre à cinq ans, par l'intermédiaire du traducteur, je demande à une petite fille si elle sait qui sont les dirigeants du pays. Bien sûr, je m'attendais à ce qu'elle réponde Kim Jong Il ou Kim Il Sung, mais je crois que nous avons tous été pris au dépourvu et glacé d'horreur par ce qui s'est passé. La petite s'est mise au garde à vous, elle s'est littéralement figée, a pris un regard martial et grave, et a hurlé, vociféré, que c'était le général Kim Il Sung, grand leader du pays. Ensuite, j'ai demandé si elle savait qui était son fils et, sur le même ton, elle a aboyé que c'était le camarade Kim Jong Il, dirigeant bien aimé dont le soleil rayonne ou quelque chose comme cela. Et puis, elle est restée figée dans cette position. C'était terrible, effrayant de force et de détermination !

En fait, ces enfants sont des petits robots, parfaitement conditionnés . Lorsque nous arrivons dans une salle, certains se précipitent à notre rencontre et nous prennent par la main pour nous amener à un endroit précis. Je fais mine de m'arrêter quelques mètres avant où le garçon veut m'emmener et il me tire très fort le bras pour aller exactement au point convenu. Le scénario est parfaitement rodé, les enfants sont très déterminés et tiennent parfaitement leur rôle. On ne sent aucune spontanéité, aucun plaisir, aucune affection, seulement la volonté de faire exactement ce qu'on leur a ordonné. Ce sont des animaux de Pavlov parfaitement conditionnés.

Dans cette école maternelle, il y a surabondance de jouets ainsi que des caisses de *lego* et de grands animaux empaillés. Dans une des classes, les enfants sont assis autour d'une grande maquette, d'environ trois mètres sur deux, de la maison natale et du jardin du grand leader. La même scène est dessinée en grand sur le mur en-dessous des portraits des deux dirigeants. Dès l'âge de quatre ans, on enseigne des histoires sur l'enfance du grand leader. Naïvement, on nous en fait la démonstration. Le professeur demande à un élève de se lever et d'aller montrer l'endroit précis où Kim Il Sung serait né (rappelons qu'en réalité il est né en Sibérie). L'enfant se lève, marche jusqu'à la maquette, s'incline en signe de respect et montre l'endroit précis, sous les applaudissements nourris de ses condisciples. A un autre, on demande d'aller pointer le lieu où le grand leader jouait au toboggan sur un rocher. Il se lève et il explique que « le grand leader, lorsqu'il était enfant, aimait faire des glissades sur le rocher toboggan, mais à la pensée que sa mère devait se fatiguer à rapiécer jusque tard dans la nuit son pantalon déchiré, il a abandonné ce jeu. » On voit aussi l'endroit où « lorsqu'il avait quatre ans, le respecté camarade Kim Il Sung a cueilli des pêches et en a choisi la plus grosse et la plus mûre pour l'offrir à son grand-père ». Inutile de préciser que les pêches constituent un luxe impossible, même pour les privilégiés.

Le grand leader est idéalisé et mythifié jusque dans les moindres détails de son enfance. Les enfants savent aussi ce qu'est la *cholima*, ce cheval ailé capable de parcourir quatre cents mètres d'un seul bond. On demande à un autre quand le grand leader est né : « Il est né le 15 avril, jour de la fête du soleil ». Au total, il y a environ cinq cents très jeunes enfants qui sont en pension dans cette école. Leurs parents viennent les rechercher le samedi à la fin de la semaine. Il s'agit probablement d'enfants de cadres du parti que l'on veut néanmoins élever en dehors de leur famille.

Le clou de toute visite d'étrangers en Corée du Nord, c'est le palais des enfants qui constitue un centre d'entraînement à la fois sportif, idéologique et artistique pour certains jeunes sélectionnés. S'y trouvent des ateliers de musique, de technique cinématographique, d'informatique. Un fabuleux spectacle mettant en scène deux à trois cents enfants y est organisé pour les visiteurs étrangers. Le bâtiment a été inauguré le 2 mai 1989 par Kim Il Sung et Kim Jong Il, une inscription le rappelle. La superficie est de 300.000 mètres carrés, il compte huit étages et plus de deux cents salles. Le théâtre peut contenir deux milles spectateurs et cinq mille personnes passent chaque jour dans ce centre, etc. Il y a une inscription où Kim Il Sung dit : « Les enfants sont le trésor de notre pays », grande phrase pour la postérité ! L'intention du grand leader était d'élever les enfants pour qu'ils soient les ouvriers de la cause révolutionnaire de génération en génération, nous explique la guide.

Les ateliers sont magnifiques, de même que les danses et les instruments de musique : il y a des mandolines, des violons, des pianos, des xylophones, c'est superbe. Les ordinateurs sont complètement dépassés, mais les enfants ont l'air intéressé par ce qu'ils font. Avec insistance, des quadruplés sont exhibés en train d'accomplir la même danse. Puis, on va voir une piscine olympique avec un centre de plongeon. Ensuite, on nous conduit dans la grande salle de spectacle où deux mille enfants sont sagement assis à nous attendre. Le spectacle est absolument fabuleux, émouvant aux larmes et d'une beauté sublime. Malheureusement, comme d'habitude, tout tourne autour du grand leader et de son fils. Les morceaux artistiques alternent, se confondent même avec la propagande. On voit des images d'archives de Kim Il Sung en décapotable noire, avec des drapeaux rouges partout. Régulièrement, au milieu de très jolies danses traditionnelles et d'une musique superbe, apparaissent les portraits de Kim Il Sung et de Kim Jong Il déclenchant des applaudissements nourris. Comme toujours, tout est parfaitement organisé et synchronisé.

Au milieu d'une scène superbe, il y a une coupure générale d'électricité. Chez nous, cela aurait suscité un tohu bohu généralisé. Ici, un silence total règne dans la salle. Après un instant, pour meubler le silence, des groupes se mettent, de façon alternée, à chanter dans la salle. Lorsque, après une dizaine de minutes, la lumière réapparaît, on voit que les cent cinquante acteurs qui sont sur la scène, notamment ceux qui forment les deux chœurs, n'ont pas bougé d'un centimètre et sont toujours raides et fixes, au garde-à-vous. Impossible d'imaginer un tel ordre et une telle organisation avec des enfants chez nous. A nouveau, aucune spontanéité, on voit qu'ils sont déjà totalement soumis, sous l'emprise du système.

La fin du spectacle représente les trois piliers de la révolution – l'idéologie, le fusil et la science – symbolisés par un livre, un fusil et une calculatrice. Puis, sous les applaudissements, une scène imite le décollage du fameux satellite, orgueil de toute la Corée. Le final, ce sont les deux ou trois cents acteurs-enfants, tous sur scène, qui se retournent – humbles, soumis et admiratifs – le dos face au public, vers une immense photo de Kim Il Sung. Les applaudissements crépitent, durent quelque temps et puis s'arrêtent d'un seul coup.

Dîner d'adieu

Le chargé des relations internationales du parti communiste de Corée prononce son discours d'adieu : « Vous étiez habitués à la propagande occidentale sur la Corée du Nord. J'ai souvent été interloqué par vos questions car je pensais que c'était de la pure propagande. Vous avez perçu avec vos oreilles et vos deux yeux la réalité coréenne. Vous avez vu ou constaté l'encerclement extérieur dont nous sommes victimes ainsi que les calamités naturelles qui nous ont frappés depuis quelques années. En octobre 1994, il y a eu un protocole d'accord entre la Corée du Nord et les Etats-Unis, ces derniers croyaient que la Corée du Nord allait sombrer en deux ou trois ans. Cela ne s'est pas passé grâce à l'unité monolithique du peuple autour de Kim Il Sung. Vous avez vu que nous avions des problèmes, par exemple la panne d'électricité lors du spectacle au palais des enfants, mais tout le peuple est gagné d'un sentiment d'optimisme autour du mot d'ordre : ne pas vivre un aujourd'hui pour aujourd'hui mais vivre un aujourd'hui pour demain. » Puis il porte un toast à la longue vie de Kim Jong Il.

Nous lui demandons si, comme en Chine ou au Vietnam, le régime songe à introduire quelques éléments d'économie de marché dans le système. « Depuis cinquante ans, nous avons un régime social, politique et économique pour satisfaire la population. Nous avons fait des révisions mais, pour l'instant, nous allons maintenir ce régime. Dans le passé, les autorités féodales ont mené une politique serviliste à l'égard des puissances que ce soit la Russie, le Japon ou la Chine. Kim Il

Sung a mis un terme définitif à cela. Un proverbe coréen dit « plus le piment est petit, plus il est piquant » : c'est la leçon et l'expérience historique du peuple coréen. Lorsque la Corée sera réunifiée, Kim Il Sung sera peut-être considéré comme le président éternel de tous les Coréens. » Il conclut en demandant que l'on soit objectif et que l'on décrive bien la réalité coréenne. Nous le promettons !

Nous demandons à nos interprètes leur adresse personnelle. La réponse est à l'image du régime. Ils écrivent leur nom puis, par exemple : 2e arrondissement, quartier 6, 4e unité. Pyongyang.

Nous partons avec l'avion qui nous a amenés, avec les mêmes hôtesses et les mêmes brochures. Je relis l'article en anglais sur la « championne du monde du lancer de grenade ». Atterrissage à Pékin. Devant nous, s'élève un gigantesque panneau publicitaire pour le site web china.com. Retour à une vie quasi normale.

Le pays de Big Brother existe, nous l'avons visité.

Table

631709 - Décembre 2015
Achevé d'imprimer par

1livre.com
du rêve à la réalité !